TECHNICAL DOCUMENTATION / TECHNICAL WRITING

読み手が受けとる「価値」を最大化する

技術文書&文章の教科書

浅岡類／浅岡伴夫

ASAOKA RUI / ASAOKA TOMOO

日本能率協会マネジメントセンター

まえがき

本書は、読み手に提供する「価値」を最大にするための「技術文書の作り方&技術文章の書き方の教科書」です。

技術文書・文章の価値とは、読み終わったときに得られたものが読み手の期待値をどれだけ上回ったかで測ることができます。技術文書とは作成するメディア（情報媒体）全体を指し、技術文章とはその中の文章部分を指します。読み手に提供する価値を最大化するには、「技術文書の作り方」と「技術文章の書き方」にそれぞれ別々のスキル・ノウハウが存在することを認識し、要点を把握して活用する必要があります。ボリュームが大きく構造が複雑な技術文書では、「作り方のスキル・ノウハウ」が特に重要になります。

ただ、ボリュームの小さい技術文書（≒技術文章）をうまく書きたいというニーズが多いことに配慮し、本書では「技術文書の作り方」の要点と基本的なスキルを概説したあと、「技術文章の書き方」について詳しく解説します。

「文章を書くことは今後AI（人工知能）に任せられるようになるので、文章を書くスキルを磨く必要はない」といった意見もあります。しかし、定型文の類ならなんとかなるでしょうが、読み手の共感を呼び起こす（読み手が価値を感じる）知性的な表現や価値ある情報の選別といった知的な判断は、AIがもっとも苦手とする領域です。つまり、知性的な文章表現能力を磨いておくことが、急激な変化を伴うAI・DX（デジタルトランスフォーメーション）時代を生き抜く支えとなるのです。

本書をお読みいただくことで、読み手に価値を提供することを意識した技術文書作成の方法と文章執筆の基本・応用スキルを習得していただけることを願っています。

浅岡 類（ASAOKA Rui）

Contents

Chapter 3

技術文書を作成する基本プロセスを知ろう

Chapter 4

技術文章を書く前に情報を収集し整理する方法を知ろう

Chapter 5

文書モジュール執筆技法について詳しく知ろう

Chapter 6

わかりやすい技術文章を書くための基本スキルを知ろう

Chapter 7

技術文章を書く際に役立つ指針・ルールを知ろう

Chapter 8

わかりやすい技術文章を書くための文法知識を知ろう

Chapter 9

簡潔で説得力のある技術文章を書くための表現スキルを知ろう

Chapter 10
表記・表現の正しさを担保するためのレビュースキルを知ろう

Chapter 11
技術文書・文章における著作権について知ろう

Chapter 0

文書･文章とは何か考えてみよう

「まえがき」でも述べたように、本書では文書と文章を分けて考えることを前提として説明を進めていきます。文書とは、各種の情報が入った器（情報コミュニケーションメディア）です。これに対して、文章とは、情報を具体的に表現する文字の集合体です。両者は、「文書（たとえば報告書）の主要な構成要素が文章である」、つまり「文書に文章が包含される」、という関係になります。このほかに、文章の基本構成単位である「文」という要素もあります。

このChapterでは、最初に文書、文章、文の定義と違いを明らかにし、次にコミュニケーションにおいて技術文章が果たす役割を説明し、最後に本書で提唱する新たな文章執筆技法（Chapter5で詳しく説明）の要となる「文書モジュール」というキーワードについて説明します。

このChapterの内容を読むことで、文書と文章に関係する主要なキーワードの意味と相互関係が把握でき、Chapter1以降の説明が理解しやすくなります。

- **●文書、文章、文の定義と相互関係を知ろう**
- **●技術文書、技術文章とは何かを知ろう**
- **●文書モジュールとは何かを知ろう**

Section 1 文書、文章、文の定義と相互関係を知ろう

ネイティブジャパニーズ（幼児の頃から感覚的に日本語を習い覚えて使ってきた人たち）は、「文書」「文章」「文」の違いをあまり意識することはありません。日常生活ではそれらの違いを認識する必要がほとんどないからです。ただし、「情報を伝える」「価値を提供する」といった目的をもって文書を作成したり文章を書いたりする場合は、三者の違いとそれぞれの特性を把握しておく必要があります。

このSectionでは、次の３つのトピックを通じて文書、文章、文の定義と相互関係を明らかにします。

- **文書とは何か？**
- **文章とは何か？**
- **文（センテンス）とは何か？**

文書とは何か？

文書とは、「相手に伝えたい情報を格納した媒体（メディア）」のことです。少々わかりにくいので、身近な例を使って説明しましょう。英語のdishは、第１の意味は「皿」ですが、第２の意味は「皿に盛りつけられた料理」です（メインディッシュと言う場合は後者の意味です）。この皿に盛りつけられた料理が文書だと考えてください。つまり、情報を受け渡すためのメディアに情報が入った状態のものが文書なのです。ただし、ここで使っているメディアという語は、CDとかDVDといった物理的な格納媒体を指すのではなく、紙に印刷された文書や文書作成ソフトで作成された電子文書（たとえばMicrosoft Word文書）といった論理的な形態（体裁）のことを意味します。

ここで述べた定義で大事なのは、文書には情報を伝える側とそれを受けとる側が必ず存在するということです。逆に言うと、他者に伝えることを意図せずに書かれた日記やメモなどはその時点では文書とは言えません。

これまでの説明をイメージ図で表現すると、次の図表のようになります。

図表0.1　情報コミュニケーションメディアとしての文書のイメージ

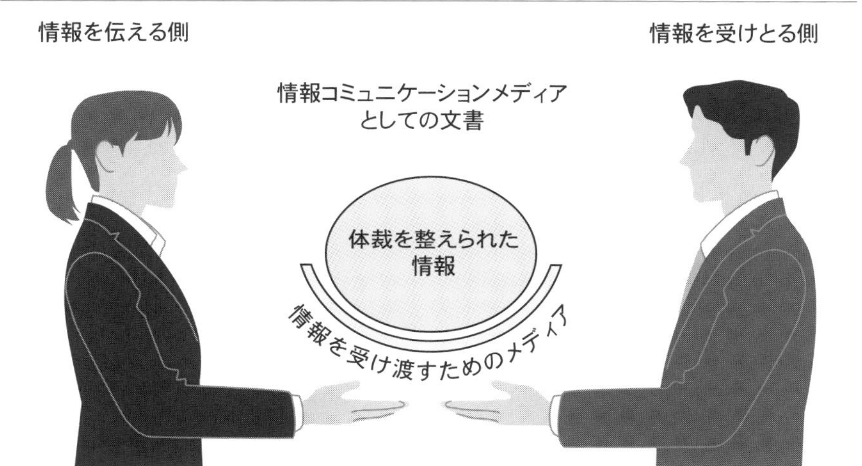

情報の非揮発性という文書の特性

紙の文書や電子ファイルの文書には「非揮発性」という基本的な特性があります。この特性は文書の強みという意味で特長と言い替えてもいいでしょう。

当事者どうしが直接会ったり電話で話し合ったりする際に受け渡される情報はしだいに揮発していきます。ここで言う揮発とは情報がしだいに消えていくことを意味します。もちろん、非常に優れた記憶力をもつ人が情報の受け手である場合は、情報はほとんど揮発しないでしょう。しかし、それは例外的なケースです。伝言ゲームで情報を伝え合うと人を経るごとに情報がどんどん変質していくことからもわかるように、人間の脳は記憶媒体としては決して優秀とは言えません。ですから、会話を通じて情報が受け渡された場合は、しばらく経つと、「言った、言わない」とか「私が伝えたのはそうじゃない」とか「私が聞いたのはそれとは違う」といった揉(も)め事が頻繁に起こります。

ある程度信頼関係があるような間柄でもこういうことが起こるのですから、企業活動や社会活動においてほとんど知らない人どうしや知らない組織どうしで揮発性の情報をやり取りすると、さらにトラブルのリスクが高まります。これを回避する最良の方法は、非揮発性という特長を有する文書を通じてコミュニケートすることなのです。

一つ具体的な例を示しましょう。あるソフトウエア開発会社では、営業担当者たちが「発注者側の都合でソフトウエアの仕様が何回も変わっても、追加料金を払ってくれないし、納期も延ばしてくれないのが最大の悩みだ」とよくこぼしていました。確かに、「金を払うのだから何でも言うことを聞け」というような身勝手な企業や発注担当者がいることは事実です。ですが、多くの場合には、担当者どうしや企業どうしでやりとりされる情報が時間とともに揮発してしまうことのほうが問題なのです。それは、営業担当者に電話や対面での会話を通じて情報をやりとりする習慣があったからです。

この問題に関して筆者の一人である浅岡伴夫がアドバイスしたのは、下記の事柄です。

・見積書と注文請書（受注書）に作業明細を示し、それに追加・変更が生じた場合は追加料金が発生し納期も延長される旨の但し書きをつけること
・作業の追加や変更を口頭で求められた場合は、その内容を記した文書を作成してeメールなどで確認をとること
・追加・変更の要求が多い場合には、納期の変更も含めた追加見積りを文書で対面で相手方に渡して了解を得ること（それと併行して同じ文書をeメールで送付すること）
※なお、相手方の担当者から明確な返答が得られない場合は、自社の上司を通じて発注側の責任者に文書で確認をとってもらうこと

これだけのことを実行しただけで、前出の「発注者側の都合でソフトウエアの仕様が何回も変わっても、追加料金を払ってくれないし、納期も延ばしてくれない」という営業担当者の悩みは八割方解決しました。

もうおわかりのことと思いますが、ここで威力を発揮したのが、情報を揮発させない形で保存することができるという文書の特性なのです。また、文書には「情報の非揮発性」という基本特性から生じる２つの機能があります。それは、「情報を正確に伝達する機能（伝達者が伝えたい情報を整理された形で受

け渡しできること)」と「情報を効率的に伝達する機能（メディア上に記録された情報を複製することで多数の相手に効率よく情報を伝達することができること)」です。

ここまでの説明を図で表現すると、次の図表のようになります。

図表0.2　文書が有する特性から生じる機能

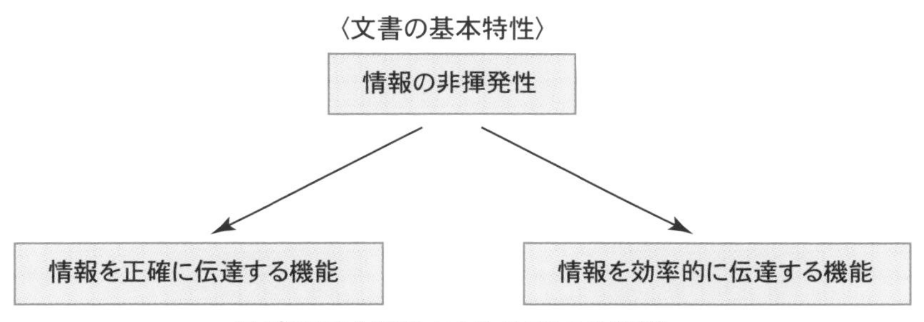

この図に示した文書の基本特性とそこから生まれる２つの機能こそが、情報コミュニケーションの信頼性と効率的な情報伝達を保証する役割を担っているのです。

文章とは何か？

文章とは、読み手に伝える情報を具体的に表現する文字の集合体（テキスト）です。文がいくつか集まった段落も文章であり、段落が複数集まった説明単位（書籍の項や節に相当するもの）も文章です。文章には、次の図に示すようにいくつかの種類があります。

図表0.3　文章の分類チャート

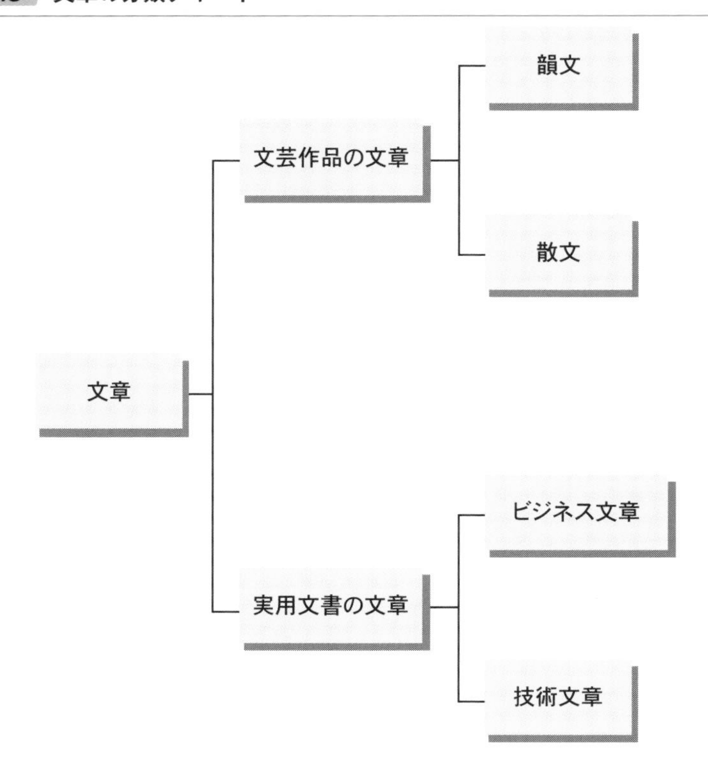

文書と文章の違い

多くの人は文書と文章の違いを意識せずに混用しています。しかし、「文書は作るもの、文章は書くもの」といったように、両者は次元の違うものなのです。もう少し具体的に言うと、文書の主要な構成要素が文章である、つまり文書に文章が包含される、という関係にあります。たとえば、報告書という「文書」の中身を構成する主要な構成要素が「文章」であると述べれば、文章は文書に包含される要素だということがおわかりいただけるでしょう。文書には、文章以外にもメインタイトル、見出し、図表、ページ番号といった構成要素があります。

ここに記した両者の関係を図に表すと、次の図表のようになります。

図表0.4 文書と文章との関係

文書

文章	図表	見出し	ヘッダー	フッター	ページ番号	etc.

文（センテンス）とは何か？

「こんにちは」とか「そうです」とかは文ではない、と断言しているWebサイトがありますが、それは大きな間違いです。たとえば、文の区切りを句点（。）で表す文章において、「こんにちは。」や「そうです。」といった具合に最後に句点（。）をつければ、独立した文（センテンス）になるからです。ちなみに、「こんにちは。」は「こんにちは、いいお日和ですね。」といった文の簡略形です。

国語の辞典類を調べると、「文」にはさまざまな意味があることがわかりますが、本書では文章の構成要素として文を定義する必要があります。したがって、ここでは、文法的な視点から文の意味を考えます。小学館の『デジタル大辞泉』の「ぶん【文】」の項には、次の説明があります。

> 2 文法上の言語単位の一。一語またはそれ以上の語からなり、ひと区切りのまとまりある考えを示すもの。文字で書くときは、ふつう「。」（句点）でその終わりを示す。センテンス。

まあまあわかりやすい説明ですね。この説明からも、前出の「「こんにちは」や「そうです」が文ではないという主張が間違っていることがおわかりいただけるでしょう。一般的に、日本語の文は、たとえば「森崎高志はAIの研究者です」といったように、主部（森崎高志は）と述部（AIの研究者です）から構成されます。だからと言って、両方がそろっていないと文として成立しないわけではありません。「あなたの名前は？」と聞かれて「森崎高志。」と答えるとすれば、両者とも立派な文なのです。

本書では技術文章の書き方に重きをおいて話を進めるので、先ほどの文の意味解説を下記のように定義し直しておきます。

文とは、文法上の言語単位の一つである。1語またはそれ以上の語からなり、ひと区切りのまとまりある意味（情報や著者の考えなど）を表す文字集合の最小単位。文字で書く（テキストで表す）ときは、「。」（句点）でその終わりを示すのが一般的。センテンス（英語のsentence）に相当するので、「センテンス」と言うこともある。

☆この節では、説明をわかりやすくするために「」内の文の最後に句点（。）をつけていますが、実際の文章で「」に文や文章を引用する場合は「」内の最後に句点をつけないのが一般的です。

Section 2 技術文書、技術文章とは何かを知ろう

前のSectionで文書と文章の定義と相互関係を示しました。このSectionでは、前節の説明内容を踏まえて、技術文書と技術文章の定義、文書と技術文書の関係、文章と技術文章の関係を解説します。「このくらいの言葉は感覚的に理解しているので、わざわざ説明する必要はない」と思われる方もいるでしょう。しかしながら、物事を科学的に分析したり論理立てて記述したりするには、キーワードとなる言葉を定義しておくことが必要不可欠なのです。

- **技術文書とは何か？**
- **技術文章とは何か？**

技術文書とは何か？

Section 1の最初の項で、文書とは「相手に伝えたい情報を格納した媒体（メディア）」であると定義しました。とすれば、技術文書とは、相手に伝えたい情報が技術に関係するものである文書と考えられます。本書では、技術文書という用語を「エンジニア（IT系や製造系の）、研究開発者、大学生・大学院生（理学・工学・薬学・保健・看護・介護などを専攻する）といった高い専門性を有する人たちが専門的な情報を伝えるために作成する文書」という意味で使います。つまり、技術文書とは、専門性の高い情報（一般的には技術情報）を何らかの目的で他者に伝えるための文書のことです。

技術文書のほかに、ビジネス文書という言葉もよく目にします。では、ビジネス文書と技術文書はどう違うのでしょうか。ビジネスとは、企業活動全般を指します。本書では、ビジネス文書を「企業活動に関わる種々の文書のうち技術的情報の伝達を主目的としていない文書」という意味で使います。

ここまでの説明を踏まえて文書と技術文書とビジネス文書の関係を図にまとめると、次の図表のようになります。

図表0.5　文書、技術文書、およびビジネス文書の関係

文書全体

技術文書　　ビジネス文書

製品／サービスの仕様書や設計書など

スマートフォンの取扱い説明書やアプリケーションソフトの操作手順書など

製品／サービスの保証書や企業どうしがとり交わす覚書など

その他の文書（プライベートな文書や公的な文書など）

この図からわかるとおり、技術文書とビジネス文書には大きな重なりがあります。たとえば、スマートフォンの取扱い説明書は、技術情報を利用者に説明するという視点から見れば技術文書なのですが、顧客に製品を使いこなしてもらうためのツールと考えればビジネス文書と言えるでしょう。また、製品／サービス開発の初期段階で作成される開発企画書、仕様書、設計書などは技術文書であってビジネス文書ではなく、企業どうしがとり交わす覚書などはビジネス文書であって技術文書ではありません（一部に技術情報が含まれることもありますが）。

このほか、社会性があまりないプライベートな活動に関して個人的にやりとりされる私信などは技術文書でもビジネス文書でもなく、法律文書や行政組織からの通達文書なども技術文書でもビジネス文書でもありません。

技術文章とは何か？

Section1の図表0.3に示した技術文章とほかの文章との関係を表す分類チャートからわかると思いますが、技術文章とは情報の伝達を主目的とする実用文書を構成する文章要素であり、特に技術的な情報の伝達に重きをおく文章のことです。

技術文章に求められるのは、小説やエッセイや詩などの文芸作品の文章に求められるような「巧みさ」とか「個性」ではありません。技術文章を読む人たちにとって大事なのは、文章自体ではなく、そこに含まれている情報なのです。つまり、技術文章は、歌舞伎における「黒子」のような存在と言えます。黒子は役者ではないので自己主張をしてはいけませんが、だからと言って適当でよいというわけではありません。役者（情報自体）が存分に働けるようサポートするという大切な役割を担っているからです。

技術文章が果たすべき役割は

技術文章の役割について考察する前に、技術文章が満たすべき品質要件を考えてみましょう。前出の「技術文章は情報の伝達を主目的とする実用文書を構成する文章要素であり、特に技術的な情報の伝達に重きをおく文章」という定義と読み手にとっての有益性（価値）を考え合わせると、技術文章は次の７つの品質要件を満たす必要があると考えられます。

・客観的な情報が過不足なく含まれていること
・含まれている情報や説明が正しいこと
・内容が適切に構成されていること
・説明や文章表現がわかりやすいこと
・視覚的に見やすくわかりやすいこと
・法律上の問題がないこと
・社会通念上の問題がないこと

技術文章に関する前出の定義と上記の品質要件を考え合わせると、技術文章が果たすべき役割は、次の４つになると考えられます。

・客観的な情報を過不足なく伝えること
・正確な技術情報を伝えること
・文章による説明や表現がわかりやすいこと
・伝達される情報が読み手にとって有益な（価値のある）ものであること

ここに示した役割は、これまで一般的に言われてきたいろいろな要件を集約して４番目の役割を付加したものです。

Section 3 文書モジュールとは何かを知ろう

文書作成の分野では、「独立的に機能して一まとまりの意味をなす最小単位」をモジュールと呼びます。たとえばノウハウ書やマニュアルなどの節や項が他の節や項と密接に連関していると、必要に応じて１つの節や項だけを読んで済ませることができません。これに対し、節や項を独立的に機能させることを意識して文書モジュールとして作成するようにすれば、文書構成の設計手順が効率化できるだけでなく、読み手にとって読みやすく価値の高い文書・文章が出来上がります。

このSectionでは、以下のトピックを通じて文書モジュールとは何かについて解説します。なお、Chapter5で文書モジュールの執筆技法について具体例を示しながら詳しく説明します。

- **そもそもモジュールとは何か？**
- **文書モジュールとは何か？**
- **文書モジュールの例を見てみよう**

そもそもモジュールとは何か？

日本大百科全書（小学館）の「モジュール」の項の最初に「大きな機構・組織を構成するための基本となる独立した構成要素のこと」との説明があり、いろいろな分野でのモジュールの意味が示されています。そして、「３」に「電気機器やコンピューター装置などの、構成要素の単位。独立の完成した機能をもち、交換や着脱が可能で、より大きなシステムに構成される」とあります。

また、情報処理の分野では、「プログラムモジュール」という語がよく使われます。それは、ある１つの機能を実行できる単位のプログラムのことです。大規模なソフトウエアのほとんどは、このようなプログラムモジュールを多数組み合わせることによって出来ています。モジュールの質を評価する尺度として「凝集度（機能的な独立性）」と「結合度（他のモジュールとの関連性）」の

２つが使われますが、凝集度が高く結合度が低いほどモジュールとしての質が高いとみなされます。

文書モジュールとは何か？

上記の「モジュール」という考え方は、技術文書の作成や文章の執筆にも応用できます。ソフトウエアの作成と技術文書の作成（特に技術文章の執筆）には共通点が多くあるからです。中でも最大の共通点は、両者とも言語によって記述されることです。ソフトウエアの作成には人工的なプログラミング言語が使われ、技術文章の執筆には自然言語（日本語、英語、中国語といった）が使われるという違いはありますが。

ソフトウエア開発におけるモジュールは「一まとまりの機能単位」ですが、技術文章の執筆におけるモジュールは、「一まとまりの説明単位」と考えてください。つまり、技術文章におけるモジュールは、「それだけを読めばなんらかの用をなす説明単位（一般的には節や項）」のことです。モジュールのこの特質は読み手にとって大きなメリットになりますが、その独立性から文書内での入れ替えや他文書への転用などが容易であるという作成者側にとってのメリットもあります。

ボリュームの大きい文書は一般的に複数のモジュールに分解できます。一方で、ボリュームが小さくモジュールに分解できない文書も存在します。本書ではこれを「単体モジュール」と呼びます。

図表0.6にボリュームの大きな文書を構成するモジュールの例を示し、図表0.7にボリュームの小さい単体モジュールの例を示します。

図表0.6　ボリュームの大きな文書を構成するモジュールの例

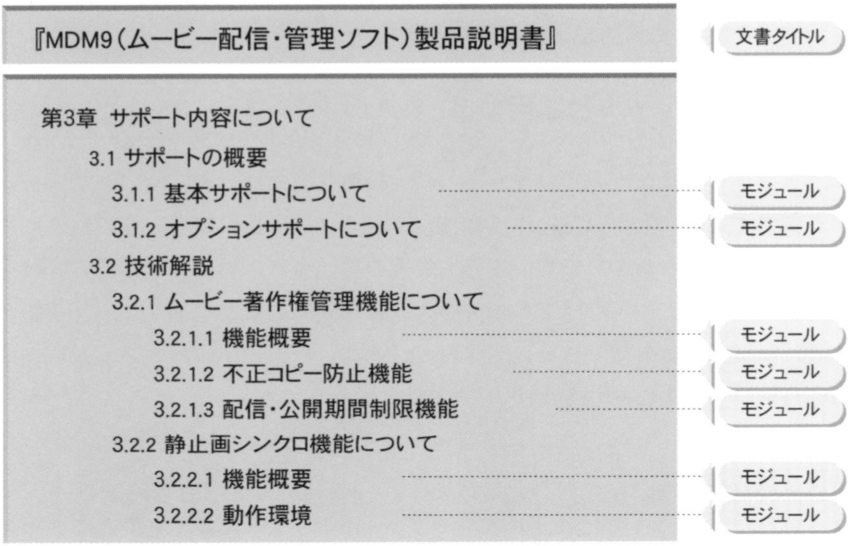

『MDM9（ムービー配信・管理ソフト）製品説明書』 ― 文書タイトル

第3章 サポート内容について
- 3.1 サポートの概要
  - 3.1.1 基本サポートについて ― モジュール
  - 3.1.2 オプションサポートについて ― モジュール
- 3.2 技術解説
  - 3.2.1 ムービー著作権管理機能について
    - 3.2.1.1 機能概要 ― モジュール
    - 3.2.1.2 不正コピー防止機能 ― モジュール
    - 3.2.1.3 配信・公開期間制限機能 ― モジュール
  - 3.2.2 静止画シンクロ機能について
    - 3.2.2.1 機能概要 ― モジュール
    - 3.2.2.2 動作環境 ― モジュール

図表0.7　ボリュームの小さい単体モジュールの例

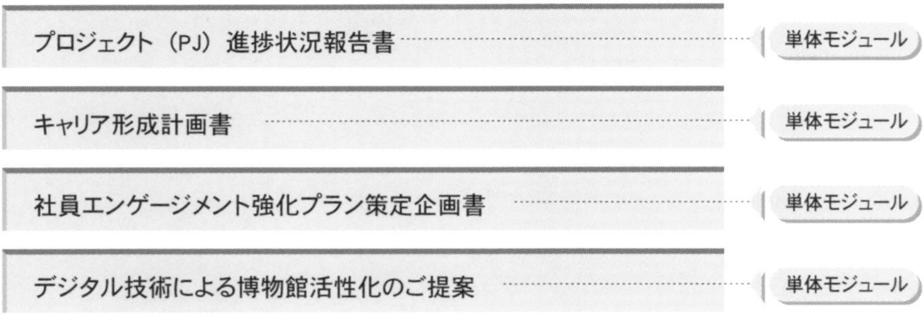

- プロジェクト（PJ）進捗状況報告書 ― 単体モジュール
- キャリア形成計画書 ― 単体モジュール
- 社員エンゲージメント強化プラン策定企画書 ― 単体モジュール
- デジタル技術による博物館活性化のご提案 ― 単体モジュール

etc.

文書モジュールの例を見てみよう

ボリュームの大きな文書を構成するモジュールについて具体的に説明します。次の図に示した『AIリテラシーの教科書』（浅岡伴夫ほか著、東京電機大学出版局）のチャプター6の目次を見てください。

図表0.8　書籍の目次（一部）

チャプター6　機械学習の本質と基本原理
6－1　単純な制御プログラムや機械学習ではない古典的なAI手法について
6－2　機械学習の本質とタイプ・基本原理を把握しよう
6－3　機械学習のメリットとデメリットを把握しよう
6－4　機械学習で用いられるアルゴリズム（計算技法）の概要

この図では、6－1から6－4までの各節が「モジュール」です。次に、6－3節（モジュール）の中身を見てみましょう。

図表0.9　6－3節（モジュール）の内容

6－3．機械学習（ML）のメリットとデメリットを把握しよう
この節では、MLのメリットとデメリットを明らかにします。

□MLのメリットは
従来のAI（ML手法を用いていないAI）と比較すると、MLには下記のようなメリット（特長）があります。
○従来のAIのようにシステムの挙動をすべて指示する必要がない
従来型のAIシステムでは、入力したデータをシステムにどういうルールでどういうステップで処理させるのかを細かく指示しなければなりませんでした。一方、MLでは、「学習教材、学習の仕方、正解を導き出す道筋を教えるから自分で勉強して正解が出せるようになってね」という感じで、MLシステムにお任せの部分が増えたということです（前節の最後で述べたように、実際はまだ「お任せ」にはほど遠いのですが…）。
○大量のデータ学習をさせることでより適切な結果を出させることができる
人間が処理しきれないような大量のデータを学習させることで、これまでよりも的確な結果を出させることができます。データの総数（母数）が多くなればその分だけ学習の信頼性が高まるからです。
○人間では扱いきれない膨大なデータを短時間で学習させることができる
同じ時間で見ると、MLは学習できるデータの量が人間とは比べ物になりません。つまり、ML手法を用いると、大規模データを解析してなんらかの答えを出すといったこれまでは無理だった課題（たとえば、共通第一次学力試験と大学入試センター試験全科目の41年分をすべて学習し、2020年度用の模擬試験で高得点をとるといった課題）を短時間で解決することが可能になったのです。

□MLのデメリットは

MLには前述ように大きなメリットがありますが、処理が大規模化・複雑化する分、下記のようなデメリット（問題点）も生じます。

○データの量が少ないと適切な答えを導き出すのが難しい

MLシステムに入力できる（学習させられる）データの量が少ないと、適切な答えを導き出すことが難しくなります。データ量が少なくても信頼性が低下しないような方法が開発されつつありますが、まだ十分とは言えません。そもそも、データ量が少なければ、MLでないAI（場合によってはAIでなくてもよい）のほうが適しているケースもあります。

○大量のデータを高速で処理できるハードウエア資源が必要である

文字データであっても、100万件を超えるようなケースでは、高性能のCPU（中央演算処理装置）や高速の入出力装置、大容量の記憶装置などが必要になります。また、大量の画像や動画を扱う場合は、高性能のGPU（画像処理装置）も必要になります。ハードウエア（機器類）は年々性能が向上し価格も下がっているとは言え、MLを日常的に使う場合は、かなりのコストがかかります。

○データに偏りがあると望ましくない答えが導き出される恐れがある

解決したい問題・課題に関連するあらゆるデータを集めて使うことは不可能なので、ある程度範囲が限定されたデータを用いるしかありません。そうした場合にデータに偏りがあると、期待したような結果が出力されない恐れもあります。差別的な意見や政治的に偏った見解が多く含まれるデータを学習させてしまったことで不適切な結果が導き出された事例がいくつも報告され、問題となっています。

○データの「特徴」（特性）を人間が指定しなければならない

次節で説明するディープラーニングではシステム側で「特徴」を自動抽出しますが、一般的なMLでは、データの「特徴」を予め人間が指定しておく必要があります。たとえば、物流において荷物を分類する際には、荷札に記された情報から各商品の「送り先の住所」「重さ」「体積（３辺の合計）」「ワレ物か否か」「要冷蔵か否か」「要冷凍か否か」といった特徴（特性）を抽出して分類する必要がありますが、これらの特徴は人間が指定しなければなりません。

○過学習（データの丸暗記）を引き起こすと予想精度が極端に悪くなること

「過学習（過剰適合）」とは、学習を繰り返すうち学習用データに適合しすぎることで、学習用データでは正解率が高いのに実際に処理するデータでは正解率が低くなってしまう現象を指します。過学習を防ぐ方法がいろいろ開発されてはいますが、なかなか知恵と工夫を要する作業です。

この図表に示した節はモジュールの役割を意識して書かれており、ここだけ読めば「機械学習（ML）のメリットとデメリット」が理解・把握できるようになっています。また、単体モジュールのほうは元々単体の文書として作成されるものなので、その文書だけ読めばなんらかの用をなすのは当然です。単体モジュールを書く際に注意すべき点は、文書を読み進む過程で他の文書を何度も参照しないと前に進めないような書き方をしないことです。

ここまでの説明をベースとし、次のChapter 1では読み手への価値提供に焦点を絞って技術文章の役割を捉え直します。

Chapter 1

技術文書・文章で伝える情報を「価値」という視点で捉え直そう

Chapter0のSection1で文書、文章、文の定義と相互関係を説明し、Section2で、技術文書、技術文章とは何かについて解説しました。これらの説明を読むことで、文章に関係する主要なキーワードの意味と各キーワードの相互関係、そして情報コミュニケーションにおいて技術文章が果たす役割を理解していただけたのではないでしょうか。

このChapterでは、技術文章を「読み手にとっての価値」という新たな視点で論じます。これは、モノづくりの世界（生産工学の領域）で以前から使われてきた「品質の作り込み」という考え方を技術文書とその主要な構成要素である技術文章に応用する試みです。ただし、本書では、「価値」に「読み手にとっての」という修飾語を冠することで、技術者が考える価値（潜在価値）ではなくユーザー（技術文章の読み手）にとっての価値に焦点を当てます。

このChapterを読むことで、読み手にとって価値の高い技術文章を書くためのポイントを把握して活用できるようになります。

- **「技術文書・文章で伝えるのは情報」は本当か？**
- **技術文書・文章を通じて価値を提供することの意味とは？**
- **情報を読み手にとって価値あるものにする方法は？**

Section 1

「技術文書・文章で伝えるのは情報」は本当か？

これまでに出版された技術文書・文章の書き方に関する書籍の多くに「技術文書・文章は読み手に情報を（わかりやすく）伝えるためのものである」と記されています。つまり、「どんな情報を伝えるか」を基本条件として文書・文章が組み立てられていたということです。しかしながら、技術文書・文章が果たすべき役割は本当にそれだけなのでしょうか？

このSectionでは、次の２つのトピックを通じて、「技術文書・文章で伝えるのは情報」というこれまで常識とされてきた考え方を再考します。

- **「技術文書・文章で伝えるのは情報」は必要条件であって十分条件ではない**
- **価値のある情報と価値のない情報はどこが違うのか？**

「技術文書・文章で伝えるのは情報」は必要条件であって十分条件ではない

確かに、技術文書・文章の重要な役割は正確な情報をわかりやすく伝えることです。おそらく、個人的な価値観や感情に依拠する情緒的な情報を排除するという意味で、「客観性があり正確な情報を伝えることに専念すべき」と考えたのでしょう。それ自体は間違っていませんが、物事の価値を大事にするようになってきた現代社会では、それだけでは十分とは言えません。つまり、「技術文書・文章で伝えるのは情報」は必要条件であって十分条件ではないということです。これからの文書・文章に求められるのは、それらの情報が読み手にとって価値のあるものか否かを吟味して取捨選択し、その価値を十分に伝える工夫をすることだと言えます。

ここで述べたことを図示すると、次のようになります。

図表1.1　技術文書・文章の主要な役割の変化

客観性があり正確な情報を伝えることに専念すべき	＜従来の考え方＞
↓	
読み手にとって価値のある情報を取捨選択し、 その価値を十分に伝える工夫をすべき	＜新しい考え方＞

もちろん、読み手にとって価値ある情報には客観性も求められます。筆者たちが「読み手にとって価値のある情報を提供することに力を入れるべき」と主張しているのは、客観性があり正確な情報が適量盛り込まれていたとしても、それらが読み手にとって役に立たなければ、技術文書・文章自体が価値のないものになってしまうからです。

価値のある情報と価値のない情報はどこが違うのか？

技術文書・文章に盛り込まれている情報に価値があるかないかを決めるのは、文書を作る側や文章を書く側ではなく、読み手の側です。ただ、実際には、読み手の立場、ニーズ（必要とすること）、ウォンツ（望むこと）などを考慮して、作る側・書く側が読み手にとっての価値を判断することになります。文章の対象者の数が多く大きな影響が出るケース（たとえばアプリケーションの利用者向けのトラブル対応Q＆Aなど）では、利用者層のリサーチが必要となる場合もあります。いずれにせよ、技術文章を書く前に、読み手がだれでどのような情報を必要としているのか、またどのような情報を望んでいるのかをしっかり見きわめなければなりません。

ここまで説明したことを踏まえて価値のある情報と価値のない情報を判別する手順を示すと、次の図表のようになります。

図表1.2　価値のある情報と価値のない情報を判別する手順

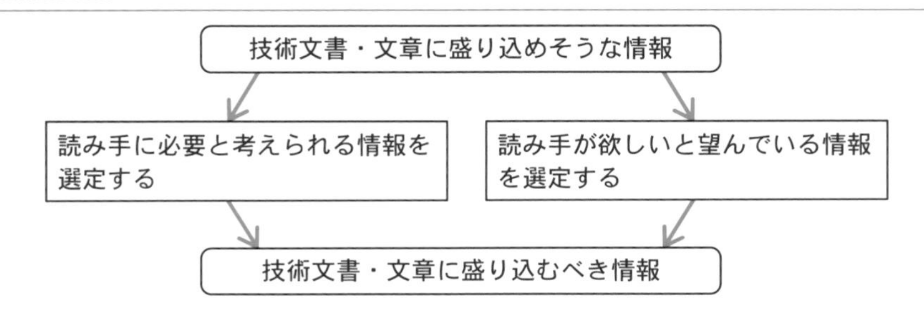

この図には示されていませんが、技術文書・文章には上記2種の情報以外にも、盛り込むべき情報が存在する場合があります。その1つは、読み手が欲しいと望んでいることを認識していないけれど、「提供されれば欲しかったと気づくと予想される情報」です。これは新規性や独自性と関係し、読み手にとって上記の情報より価値の高いものとなる可能性があります。

このほか、「技術文書を作る側・文章を書く側にとって記載する必要のある情報」についても考慮しなければなりません。たとえば、技術文書・文章内の特定の情報を著作権法やその他の知的財産権関係の法律で保護したい場合は、転載や流用を禁ずる旨を明記する必要があります。この種の情報は、読み手にとって必要な情報や欲しいと望む情報ではありませんが、技術文書を作る側・技術文章を書く側にとって盛り込むべき情報だからです。

ここまでの説明を図示すると、次のようになります。

図表1.3　価値のある情報と価値のない情報を判別する手順（追補版）

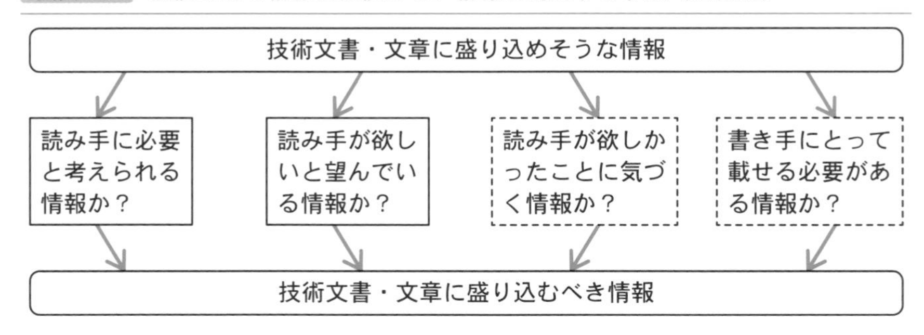

Section 2 技術文書・文章を通じて価値を提供することの意味とは？

Amazonの「本」というカテゴリーで「価値提供」をキーワード検索すると400件（冊）以上ヒットします（最終検索日：2023年1月5日）。このことから、「価値提供」は現代社会、特にビジネス社会のトレンドワードだと言えるでしょう。

このSectionでは、以下のトピックの説明を通じて技術文章で読み手に価値を提供することの意味について論じます。

- **そもそも「価値」とは何か？**
- **コミュニケーションの重要な要件とは何か？**
- **情報の過不足のなさ・正しさ・わかりやすさ以外に技術文章に必要なものは何か？**

そもそも「価値」とは何か？

「価値（value）」という言葉については、哲学、経済学、心理学などの領域でいろいろな定義や説明がなされていますが、今ひとつわかりにくいものばかりです。価値の定義については、次の図表の説明が参考になるでしょう。

図表1.4 価値の定義

【価値】
1 その事物がどのくらい役に立つかの度合い。値打ち。「読む価値のある本」「価値のある一勝」
2 経済学で、商品が持つ交換価値の本質とされるもの。→価値学説
3 哲学で、あらゆる個人・社会を通じて常に承認されるべき絶対性をもった性質。真・善・美など。

＊『デジタル大辞泉』（平凡社）の「価値」の項を引用

上記の説明は価値の本質をほぼ言い表していますが、少し補足しておく必要があります。価値には「客観的な価値」と「主観的な価値」があり、その境目があいまいなまま使われているケースが多いからです。たとえば、特定のアニメが好きな人にとってはそのアニメは大きな価値がありますが、興味のない人は価値を感じないでしょう。これは主観的価値なので、対象となる事物が同じでも、価値を感じるか否かや価値の大きさは人それぞれです。

これに対して、経済活動における交換価値は客観的価値に分類されます。これは「経済的価値」とも言われ、対象となる事物に関わる多くの人がどの程度それを欲するかと需給バランスに応じて決まります。これは「市場価値」と呼ばれることもあります。

ここまでの説明を図にまとめると、次のようになります。

図表1.5　「価値」の分類

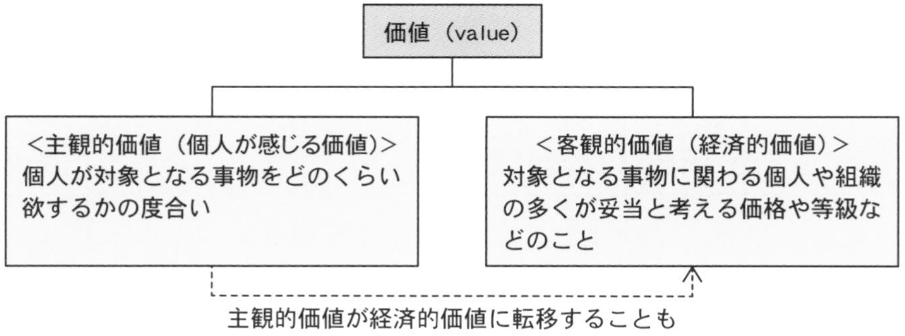

価値（value）

<主観的価値（個人が感じる価値）>
個人が対象となる事物をどのくらい欲するかの度合い

＜客観的価値（経済的価値）＞
対象となる事物に関わる個人や組織の多くが妥当と考える価格や等級などのこと

主観的価値が経済的価値に転移することも

このChapterで言及しているのは主に客観的価値です。ただ、本書では個々の人間を起点として価値を判断することを基本としているので、主観的な価値も考慮しながら話を進めていきます。

コミュニケーションの重要な要件とは何か？

ここでコミュニケーションの要件について論じるのは、ビジネス活動や社会活動がコミュニケーションによって成り立っており、コミュニケーションの主要メディアが文書であり、その主要な構成要素が文章（テキスト）だからです。

私たち人間は言語を用いて日々他者とコミュニケートしています。現代社会には情報伝達だけを目的とした実務的なコミュニケーションが数多く存在し、それが企業活動や社会活動ひいては社会生活を維持するために重要な役割を担っています。その種の実務的コミュニケーションにおいてもっとも大切な要件は、「有益性」です。つまり、コミュニケートする相手にどのくらいの益（メリット）をもたらすかが重要だということです。

ただ、これだけでは安定的な人間社会は成立しません。人間社会が安定的に維持されるには、コミュニケーションを通じて人間どうしの良好な関係性（リレーションシップ）が確立されることが不可欠だからです。人間関係、特に良好な人間関係を確立しそれを維持していくには、「有益性」のほかに「快適性（楽しさ）」という要件が満たされる必要があります。「有益性」だけを重視したビジネスライクなコミュニケーションをいくら続けても良好な関係性（お互いに尊重し合う絆で結ばれた関係）はなかなか生まれませんが、そこに快適性（楽しさ）が付加されれば良好な人間関係が生まれる可能性が高まります。後者は「人間味のあるコミュニケーション」と表現してもよいでしょう。

ここまで説明したコミュニケーションとリレーションシップとの関係を図示すると、次のようになります。

図表1.6　コミュニケーションとリレーションシップ（関係性）のイメージ

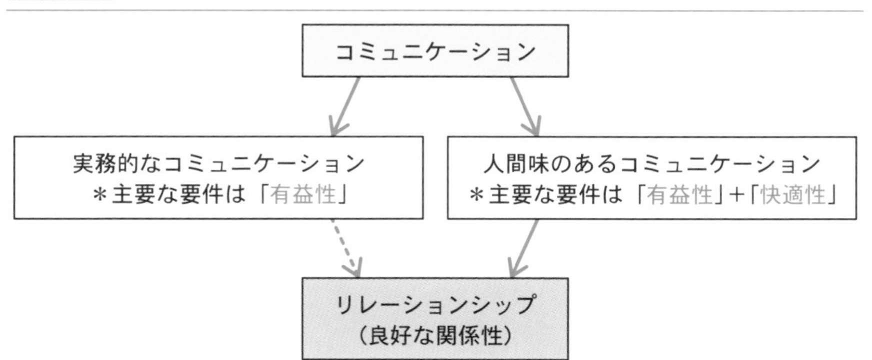

この図の「実務的なコミュニケーション」から「リレーションシップ」に細い点線の矢印が引いてあるのは、「有益性」だけでもある程度のリレーションシップが形成される可能性があるからです（たとえば、企業から製品ユーザー

に役に立つ情報が提供され続ければ、企業に対する信頼性が高まるといったケースのように)。

情報の過不足のなさ・正しさ・わかりやすさ以外に技術文章に必要なものは何か?

ビジネス文章や技術文章の書き方の手引書の多くに、「何より大事なのは、情報の客観性・正確さ・わかりやすさだ」と書かれています。この意見は間違ってはいませんが、それで十分とは言えません。Chapter 0 のSection 2の最後に示した技術文章が果たすべき下記の役割の1番目から3番目までしか満たしていないからです。

- 客観的な情報を過不足なく伝えること
- 正確な情報を伝えること
- 文章による説明や表現がわかりやすいこと
- 伝達される情報が読み手にとって有益な(価値のある)ものであること

みなさんの中には、「タイトルと目次を見て実用書を買ったら自分の欲しかった情報がほとんど入っていなかった」という悔しい経験をした方が少なからずいるはずです。どうしてそんなことが起こるのか? それは、上記の1番目の要件が満たされていなかったからという可能性もありますが、多くの場合は4番目の要件が満たされていないからです。また、「詳しい目次を見て自分に必要な情報が入っていると考えて選んだのに、中身を読んでみたら自分が知っている範囲を超える情報がほとんどなかった」という方もいるでしょう。これも、4番目の要件が満たされていないからにほかなりません。

ここでの説明をSection 1の図表1.3の情報で補完して図で表すと、次のようになります。

図表1.7　技術文章の従来の要件とこれからの要件

＜技術文章の従来の要件＞
- ・客観的な情報を過不足なく伝えること
- ・正確な情報を伝えること
- ・文章による説明や表現がわかりやすいこと

↓

＜技術文章のこれからの要件＞
- ・客観的な情報を過不足なく伝えること
- ・正確な情報を伝えること
- ・文章による説明や表現がわかりやすいこと
- ・伝達される情報が下記のように読み手にとって有益性（価値）が高く、書き手の要件も満たすものであること
  「読み手に必要と考えられる情報」
  「読み手が欲しいと望んでいる情報」
  「読み手が欲しかったことにあとで気づく可能性がある情報」
  「書き手にとって載せる必要がある情報」

ここまでの説明で、技術文章に入れ込む情報を読み手にとって価値のあるものにすることがいかに大切かご理解いただけたのではないでしょうか？ 次のSectionでは、技術文章を通じて読み手に伝えられる情報を有益性（価値）の高いものにする方法について論じます。

Section 3 情報を読み手にとって価値あるものにする方法は？

Googleの検索エンジンで「価値の作り込み」を絞り込み（完全一致）検索すると、約４万２千件ヒットしました（最終検索日：2023年１月５日）。前述のように「価値提供」が現代社会のトレンドワードになってきていることも考慮すると、今後「価値の作り込み」が重要なキーワードになっていくことが予想されます。

このSectionでは、以下のトピックを通じて情報を読み手にとって価値あるものにする方法を説明します。

- **モノづくりの世界の「品質の作り込み」という考え方について知ろう**
- **今注目されている「人間起点」「価値の提供」というキーワードについて知ろう**
- **技術文書・文章に価値を作り込む基本プロセスを知ろう**

モノづくりの世界の「品質の作り込み」という考え方について知ろう

生産工学（品質工学）の領域では、製品やサービスに関して「品質の作り込み」という言葉がよく使われます。

そもそも品質とは何か？

日本品質管理学会（JSQC）は品質を次のように定義しています。

図表1.8　JSQCによる品質の定義

製品、プロセス、システム、経営、文化・風土など、関心の対象となるものが暗示されたまたは暗黙のニーズを満たす程度。
注記１　ニーズには顧客と社会の両方のニーズが含まれる。

注記2 品質の要素には、機能、性能、使用性、入手性、経済性、信頼性、安全性、環境性、感性品質などが含まれる。

＊JSQCのWebサイト（http://www.jsqc.org/ja/oshirase/jsqcichiran.pdf）より引用

この説明で注目すべきは、「暗示されたまたは暗黙のニーズ」という部分です。注記1に「ニーズには顧客と社会の両方のニーズが含まれる」とありますが、暗示されたまたは暗黙のニーズを特定しないと、満たすべき品質を明らかにすることはできません。生産工学や品質管理は科学的な根拠に基づく論理的な領域であるはずなのに、「品質の作り込み」というプロセスにブラックボックスに類する部分が存在するのはいかにも不思議です。そこを「明確化されたニーズ」に変える手掛かりが『日本大百科全書（ニッポニカ）』（小学館）の「品質　ひんしつ　quality」の項の解説にあるので、見てみましょう。

図表1.9　『日本大百科全書』による品質の解説

品質とは一般的に、使用目的に応じた商品の有用な自然的属性（物理的および化学的諸性質）に基づいた実質的性能や消費に役だつ一定の機能を意味している。原材料を加工して商品を生産するとき、商品の価値面は、価値（交換価値。価値の大きさが抽象的で、現象面は価格で表される）と使用価値（価値の大きさが具体的で、主として目で判断でき、現象面は品質で表される）の二つが創造され、この両者が統一されて商品価値が形成される。<後略>

この解説には、「価値」という言葉が何度も出てきます。この説明を読むと、製品やサービスの品質を交換価値や使用価値といった視点で捉え直す（明確化する）ことが可能だとわかります。

「品質の作り込み」を「価値の作り込み」と捉え直すことの意味

前述のように、製品やサービスを作る際に重視される「品質の作り込み」には「暗示されたまたは暗黙のニーズ」というエンジニアリングの世界にそぐわない不明確な部分が存在しています。そのため、製品やサービスを作る技術者が自分の価値観を拠り所に品質を作り込むことが多く、製品やサービスの利用者のニーズやウオンツにマッチしないケースが少なくありませんでした。

本書では、Section 2での価値に関する分析・解説を踏まえ、上記の問題点の解消を意識して、技術文章の執筆に「価値の作り込み」という新しい考え方をとり入れることにしました。これによって、技術文章を通じて伝える情報を読み手にとって価値あるものにすることが可能になると筆者たちは考えているのです。

今注目されている「人間起点」「価値の提供」というキーワードについて知ろう

中東やウクライナなどの地域戦争やアフリカ・アジア・南米などの飢餓、世界中を恐怖に陥れた新型コロナのパンデミックなどによって多くの人命が犠牲となり、また現在の科学では対処できないレベルの大規模な気候変動も生じています。世界がこのような危機的な状況に陥っている根本原因は、人間を企業や社会のシステム（仕組み）の部品とみなす非人間的な機械論的合理主義に基づき、企業活動や国単位の経済活動が利益最大化を追求し続けていることにあります。企業活動や経済活動のこの暴走を止めて持続可能社会を実現するために必要不可欠なのが、「人間起点」と「価値の提供」という新たな視点です。

1つ目の「人間起点」という視点が注目されているのは、「人間をシステムの中の部品とみなす」という非人間的な考え方を根本から変えなければ現代社会の根本的な問題を解決することができないことがはっきりしてきたからです。

2つ目の「価値の提供」という視点については、企業活動、社会活動、行政活動などを人間起点で捉え直すことになれば、個々の人間にどのようなメリット（価値）が提供されるかが重視されて当然だからです。

ここまでの説明内容を簡潔に図で表すと、次のようになります。

図表1.10 「人間起点」「価値の提供」と今求められている社会変容との関係

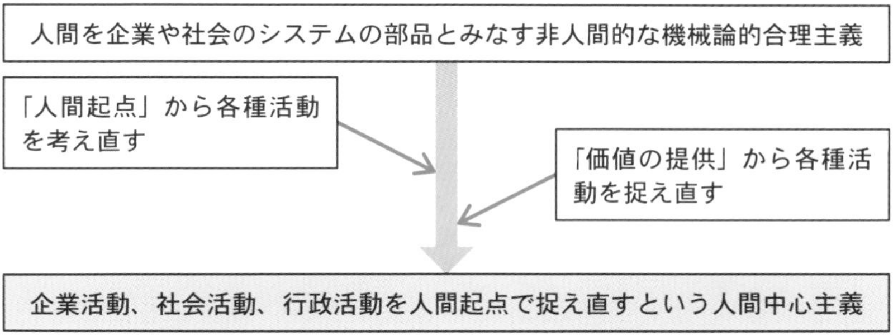

人間を企業や社会のシステムの部品とみなす非人間的な機械論的合理主義

「人間起点」から各種活動を考え直す

「価値の提供」から各種活動を捉え直す

企業活動、社会活動、行政活動を人間起点で捉え直すという人間中心主義

ここで「人間起点」と「価値の提供」という経営・マーケティングの世界のトレンドワードに言及した理由は、この２つがこれまで技術文書・文章が機械論的合理主義に基づいて作成・執筆されてきたことから生じていた問題を解決する糸口となるからです。ここで言う問題とは、読み手を感情・価値観を有する人間と認識してその人（たち）に価値を感じてもらうことを最優先に考えた文書作り・文章執筆がなされてこなかったことを指します。

技術文書・文章に価値を作り込む基本プロセスを知ろう

社会の物事を価値という視点で捉え直そうとする昨今の動きは、非人間的な機械論的合理主義によって衰退していた価値論を人間起点で再生させる試みと言ってもよいでしょう。

これまでも読み手にとっての価値を重視する試みがなされてきたことは事実ですが、「読み手にとっての価値」を明確に定義し基軸にした方法論はありませんでした。これに対し、筆者たちは、読み手に価値を提供できる情報とは何かを客観的かつ論理的に吟味し、価値を読み手に十分実感してもらう工夫をするというプロセスを提唱しているのです。

この考え方に基づいて、技術文書・文章に価値を作り込むプロセスを図示すると、次のようになります。

図表1.11　技術文書・文章に価値を作り込むプロセス

①技術文書・文章の読み手（対象読者層）を特定する

↓

②読み手に伝えるべき情報はどんなものか検討して明らかにする

↓

③読み手に伝えるべき情報を多めに収集して使いやすいように整理する

↓

④伝えるべき情報の配置順序を考えながら技術文書・文章の構成を決める

↓

⑤各構成要素に入れ込む情報を選別し説明の仕方（ストーリー展開）を決める

↓

⑥伝えるべき各種の情報を盛り込みながら各構成要素を書き進める

①では、自分がだれに向けて技術文書・文章を書こうとしているのかをはっきりさせる必要があります。技術文書・文章の読み手は一人の場合もありますが、多くの場合はなんらかの特性を共有する読み手の集まり（読み手層）になります。たとえば、新製品の企画書であれば、読み手層は職場の上位者や関係部署の責任者たちです。そして、彼ら彼女らは「企画内容を実現する価値があるかどうかを判断する」という目的を共有しています。

②では、①で特定した対象読者層について以下に示す4種の情報（Section 1の図表1.3に示したもの）を具体的に特定します。

- 読み手に必要と考えられる情報
- 読み手が欲しいと望んでいる情報
- 読み手が欲しかったことにあとで気づく可能性がある情報
- 書き手にとって載せる必要がある情報

最後に記されている「書き手にとって載せる必要がある情報」は、読み手に価値を提供する情報ではありませんが、書き手側の都合で載せないといけない情報です。

③は技術文書・文章の価値を大きく左右する大事なステップです。このステップについては、Chapter 4で詳しく説明します。

④と⑤は2段階で内容構成を決めるという工学的な文書・文章設計のアプローチです。

①から⑤までが終わったら、実際の執筆にとりかかります。その際には、収集し整理し選別し組み込む場所を特定した情報を盛り込みながら各構成単位を書き進めます。

このプロセスが完了したら、続いて次の図表に示したチェックプロセスを実施します。これは、推こうと品質確認を兼ねたプロセスです。

図表1.12　技術文章に価値が作り込まれたことを確認するプロセス

①読み手に伝えるべき情報が文章・文章に過不足なく含まれているか？

↓

②文書・文章に含まれている情報が読み手にとって価値のあるものか？

↓

③文書・文章に含まれている情報が客観的で正確か？

↓

④文書・文章での説明や表現がわかりやすいか？

ここでは、優先順位の高い要件から順番に並べています。

①については、情報に不足があればその分だけ全体価値が下がり、余計な情報が含まれていると何が大事な情報なのかわかりにくくなる分だけ全体価値が下がります。

②では、読み手に伝えようとしている情報にどれだけの価値があるのかを判別することが必要です。たとえば、新製品の企画書であれば、読み手層は職場の上位者や関係部署の責任者たちです。そして、前述のように、彼ら彼女らは「企画内容を実現する価値があるかどうかを判断する」という目的を共有しています。当然ですが、そこに含まれている情報やアイデアに新規性や独自性があるかどうかが、その企画の採否を大きく左右します。もう一つ別の例を挙げると、さまざまな情報が網羅されていて読みやすくわかりやすい研究論文が投

稿されたとしても、既存の論文の情報を寄せ集めたものであったとすれば、論文の読者が得られる価値（新しい発見やそこに記されている情報を利用するメリット）はほとんどないということです。

③では、文書・文章に含まれている情報が客観的で正確かどうか確認する作業が行われます。

④では、文書・文章での説明や表現がわかりにくいことで①や②を通じて文書・文章に作り込まれた価値が棄損されていないかをチェックします。ここで大事なのは、技術者や研究者が読み手にとって価値のある情報を的確に盛り込んだとしても、説明や表現が悪くてその価値が読み手にきちんと伝わらなければ「価値の提供」にはならないという点です。

ここまでの説明を通じて、技術文書・文章の主目的が読み手に価値を提供することにあること、そして技術文書・文章に価値を作り込む基本的方法がおわかりいただけたのではないでしょうか。

Chapter 2

技術文書のタイプごとの作成手順・ポイントを知ろう

このChapterでは、技術文章が格納される「技術文書」という情報コミュニケーションメディアの作成手順をタイプ別に紹介します。「技術文章の書き方がメインテーマのはずなのに、どうして技術文書の作成手順を？」と思う方もいらっしゃるでしょう。それは、技術文章がいくらうまく書けても、それを主要な構成要素とする技術文書がうまく作れなくては、読み手に価値（メリット）を提供することができないからです。

このChapterを読むことで、各種の技術文書を作成する基本手順を理解し、文書に格納する技術文章をどのように書いたらよいかの要点を把握して活用できるようになります。

- 報告書を作成する基本的な手順・ポイント
- 計画書を作成する基本的な手順・ポイント
- 企画書を作成する基本的な手順・ポイント
- 提案書を作成する基本的な手順・ポイント
- 議事録を作成する基本的な手順・ポイント
- 製品／サービスの説明書を作成する基本的な手順・ポイント
- 業務／作業手順書を作成する基本的な手順・ポイント
- 実験レポートを作成する基本的な手順・ポイント
- 学習レポートを作成する基本的な手順・ポイント
- ビジネスメールを作成する基本的な手順・ポイント

Section 1

報告書を作成する基本的な手順・ポイント

一口に報告書と言ってもさまざまなタイプがあるので一括りにはできませんが、状況をなるべく正確かつ客観的に読み手に伝えるという点は共通しています。

このSectionでは、報告書に共通する基本的な作成手順・ポイント・事例を紹介します。

▶ **報告書とは何か？**

▶ **報告書を効率的かつ効果的に作成する手順・ポイント**

▶ **上記のポイントを意識して作成した報告書のサンプル**

報告書とは何か？

報告書とは、組織や個人が実施した各種の活動の内容と要点を読み手に正確かつわかりやすく伝えるための文書です。報告書には以下のようなタイプがあります。

- 業務報告書
- 作業完了報告書
- 調査報告書
- 研修報告書
- 出張報告書
- 営業活動報告書
- クレーム対応報告書
- プロジェクト進ちょく状況報告書　etc.

報告書の読み手（提出先）は、組織内の場合は、報告内容を管理する担当者・責任者や報告内容を共有すべきチームやグループのメンバーなどです。このほか、外部の顧客や取引先などに提出する場合もあります。

報告書を効率的かつ効果的に作成する手順・ポイント

報告書作成の手順・ポイントを次の図表に示します。

図表2.1　報告書を効率的かつ効果的に作成する手順・ポイント

① 報告内容のエッセンスを示唆する表題（タイトル）をつける
② 報告書を作成する目的と読み手を意識し、今回作成する報告書のタイプを判別する
③ 読み手（対象読者）がだれでどんな目的で読むのかを明らかにする
④ ②と③を踏まえ、どんな情報をどんな順序で入れるべきか検討し判別する
⑤ ④の結果に基づいて報告書に入れるべき情報を収集する
⑥ 作成する報告書と同じタイプの既存の報告書を探し、利用できそうなものを見つける
⑦ その文書の構成・書式が今回の目的に適するか否かチェックし、必要に応じてカスタマイズ（調整）した別ファイルを用意する
⑧ 構成・書式を適宜カスタマイズしたファイルを上書きする形で報告書を作成し、推こう・修正して完成させる

☆報告書については、Microsoft Wordの表組みで作成し、「プロジェクト進ちょく状況報告書　2023年02月21日　人事・教育部教育企画グループ作成」といった識別タグをつけておくと、再利用しやすくなります。

上記のポイントを意識して作成した報告書のサンプル

前の図表に示したポイントを意識して作成した報告書のサンプルを、次の図表に示します。

図表2.2　報告書のサンプル

プロジェクト（PJ）進ちょく状況報告書	
提出先	人事・教育部長 殿、総務部法務課長 殿
PJの名称	「社員倫理向上PJ」
実施目的	添付資料を参照
実施予定期間	2023年01月から３ヵ月間

<table>
<tr><td>構成メンバー</td><td>添付資料を参照</td></tr>
<tr><td>事務局</td><td>人事・教育部教育企画グループ（担当：尾崎）</td></tr>
<tr><td colspan="2">上記PJの進ちょく状況を、以下のとおりご報告いたします。</td></tr>
<tr><td>進ちょく状況</td><td>○進ちょくの度合い
前回のミーティング（02月02日開催）から、PJの４つのフェーズ（「１．現状の課題の洗出し」、「２．洗い出された課題の整理・分析」、「３．課題の解決策の検討」、「４．解決策の実施プランの策定」）のうちの第３フェーズに入っています。前回のミーティングの検討内容をもとに各メンバーが解決策を具体化する作業を行い、次回のミーティング（03月06日開催予定）において解決策の基本案をまとめる予定です。
○発生している問題
洗い出して整理した諸課題に対する解決策をより具体化する作業（実効性を高める作業）に予想より時間がかかり、次回のミーティングで解決策の基本案をまとめられない可能性が生じました。
○問題解決の方策
解決策を５・６個ずつに分けて各メンバーがもち帰り具体化の作業を併行して進めることで、期限までに基本案がまとめられるようにしました。
○方針・スケジュールの見直しが必要か否か
現時点では、方針・スケジュールとも変更する必要はないと考えられます。</td></tr>
<tr><td>報告内容に関するコメント</td><td>メンバー各位のモチベーションが次第に高まってきており、ミーティングにおいて「実効性のある解決策」という言葉が飛び交っているのは、非常によい兆候だと感じています。</td></tr>
<tr><td>添付資料</td><td>PJ実施計画書（経営会議にて承認済み）</td></tr>
<tr><td colspan="2">報告は以上です。</td></tr>
<tr><td>報告書提出日</td><td>2023年02月21日（12：00）</td></tr>
<tr><td>報告者</td><td>尾崎 貴志　　人事・教育部教育企画グループ グループ長</td></tr>
</table>

Section 2 計画書を作成する基本的な手順・ポイント

計画書には、範囲や目的（役割）によってたくさんの種類があります。

このSectionでは、計画書に共通する基本的な作成手順・ポイント・事例を紹介します。

▶ **計画書とは何か？**
▶ **計画書を効率的かつ効果的に作成する手順・ポイント**
▶ **上記のポイントを意識して作成した計画書のサンプル**

計画書とは何か？

計画書とは、個人やセクションなどが今後どのように活動していくべきかのプランを具体的に記述する文書です。計画書には以下のようなタイプがあります。

・キャリア形成計画書
・業務活動計画書
・製品・サービス開発計画書
・経営計画書
・人材育成計画書
・研究計画書
・事業計画書
・マーケティング計画書　etc.

計画書の読み手（提出先）は、組織内の場合は、計画内容を管理するセクションの担当者・責任者、計画内容を共有すべきチームやグループのメンバーなどです。

計画書を効率的かつ効果的に作成する手順・ポイント

計画書作成の手順・ポイントを次の図表に示します。

図表2.3　計画書を効率的かつ効果的に作成する手順・ポイント

① 計画内容の要点を示唆するサブタイトルをつける
② 計画書を作成する目的と読み手を意識し、今回作成する計画書のタイプを判別する
③ 読み手（対象読者）がだれでどんな目的で読むのかを明らかにする
④ ②と③を踏まえ、どんな情報をどんな順序で入れるべきか検討し判別する
⑤ ④の結果に基づいて計画書に入れるべき情報を収集する
⑥ 作成する計画書と同じタイプの既存の計画書を探し、利用できそうなものを見つける
⑦ その文書の構成・書式が今回の目的に適するか否かチェックし、必要に応じてカスタマイズ（調整）した別ファイルを用意する
⑧ 構成・書式を適宜カスタマイズしたファイルを上書きする形で計画書を作成し、推こう・修正して完成させる

☆計画書については、Microsoft Wordの表組みで作成し、「餃子製造ライン入れ替え計画書　2023年03月10日　製造部工場製造システム管理課作成」といった識別タグをつけておくと、再利用しやすくなります。

上記のポイントを意識して作成した計画書のサンプル

前の図表に示したポイントを意識して作成した計画書のサンプルを、次の図表に示します。

図表2.4 計画書のサンプル

キャリア形成計画書 ―DXリテラシーの向上を目的とした自己研鑽を目指して―				
作成者	桐山 聡			
作成日	2023年03月10日			
提出先	人事部人材教育グループ自己啓発推進チーム			
	半年後	1年後	1年半後	2年後
身につけるべき知識・スキル	業務プロセス改善（BPR）と業務プロセス管理（BPM）に関する知識・スキル	CRM（顧客関係性マネジメント）の中核をなす「顧客起点」と「顧客価値の創造」に関わる知識やスキル	DX（デジタルトランスフォーメーション）推進に不可欠なデータサイエンスとAIに関係する基礎知識や活用スキル	自社の状況に適する形でDXを推進するための実行プロセスとロードマップを作成するスキル
期間目標	BPRとBPMの関係を意識しながら、両者の本質を把握するために必要な知識・スキルを習得する	顧客起点と顧客価値創造の本質理解に基づいてビジネスモデルを創造するための知識を習得する	DX推進の技術的な内容についてITエンジニアと話ができるレベルの知識を習得する	DX推進関係のプロジェクトプランやロードマップの作成に参加できるレベルの知識を習得する
そのためにすべきこと	BPRとBPMに関する解説書を3冊以上読んで要点を把握し、それぞれのメリットと活用方法を習得する	「CRM」「顧客起点」「人間起点」に関する書籍を3冊以上読んで要点を把握し、CRMの本質と効用を把握する	データサイエンスとAIに関する入門書を3冊以上読んで要点を把握する	DX推進やロードマップ作成に関する書籍を3冊以上読んで要点を把握する

Section 3

企画書を作成する基本的な手順・ポイント

企画書には、企画の目的や対象読者（読み手）によっていくつもの種類があります。

このSectionでは、企画書に共通する基本的な作成手順・ポイント・事例を紹介します。

- ▶ **企画書とは何か？**
- ▶ **企画書を効率的かつ効果的に作成する手順・ポイント**
- ▶ **上記のポイントを意識して作成した企画書のサンプル**

企画書とは何か？

企画書とは、組織や個人が企画した各種の活動の内容と要点を読み手に正確かつわかりやすく伝えるための文書です。企画書には以下のようなタイプがあります。

・製品／サービス企画書
・新事業企画書
・営業戦術企画書
・エンゲージメント強化企画書
・研究開発企画書
・マーケティング戦術企画書
・人材教育リニューアル企画書
・DX推進プロジェクト企画書　etc.

企画書の読み手（提出先）は、組織内の場合は、企画内容のメリットと実現可能性を検討する責任者や企画内容を共有すべきチームやグループのメンバーなどです。

企画書を効率的かつ効果的に作成する手順・ポイント

企画書作成の手順・ポイントを次の図表に示します。

図表2.5　企画書を効率的かつ効果的に作成する手順・ポイント

① 読み手の興味・関心を引くことのできるタイトルまたはサブタイトルをつける
② 企画書を作成する目的と読み手を意識し、今回作成する企画書のタイプを判別する
③ 読み手（対象読者）がだれでどんな目的で読むのかを明らかにする
④ ②と③の結果を踏まえ、企画が実現した場合の利点や実現の要件を検討し、どんな情報を入れるべきかを判別する
⑤ ④の結果に基づいて企画書に入れるべき情報を収集する
⑥ 作成する企画書と同じタイプの既存の企画書を探し、利用できそうなものを見つける
⑦ その文書の構成・書式が今回の目的に適するか否かチェックし、必要に応じてカスタマイズ（調整）した別ファイルを用意する
⑧ 構成・書式を適宜カスタマイズしたファイルを上書きする形で企画書を作成し、推こう・修正して完成させる

☆企画書は、Microsoft Wordの表組みで作成し、「営業戦術企画書　2023年02月24日　営業支援課作成」といった識別タグをつけておくと、再利用しやすくなります。また、採用に向けたプレゼンテーションが必要なケースでは、Microsoft PowerPointを使って写真やイラストを中心として作成するのが一般的です。

上記のポイントを意識して作成した企画書のサンプル

前の図表に示したポイントを意識して作成した企画書のサンプルを、次の図表に示します。

図表2.6　企画書のサンプル

社員エンゲージメント強化プラン策定企画書 ―開発技術者の定着を促す組織環境づくりに向けて―	
技術開発センター長 殿、人事本部長 殿、経営企画室長 殿	
企画の主旨	年々増加してきている優秀な技術者の離職（転職）を減らし、職場の仲間や組織の成長・発展に貢献しようというエンゲージメント意識を向上させるためのプランを策定する

企画実践の効果	優秀な技術者が何人も退職し新たな人材の採用・育成に多大な労力や費用がかかる現状を改善し、技術開発力を安定的に向上させることができる
企画書作成者	吉村 沙織（技術開発センター開発支援チーム チーム長）
企画書提出日	2023年02月24日
プラン策定主体	技術開発センター開発支援チーム＋人事本部離職防止グループ
策定メンバー	【センター】吉村 沙織（責任者）、本郷 聡、【人事】川崎 ひとみ、里川 零児
策定期間	2023年04月01日から2023年06月30日（3ヵ月間）
企画内容のポイント	優秀な技術者の離職（転職）を防止するためのプランを、以下のプロセスで策定します。 **1．技術者が離職（転職）する原因と対策について調査する（1ヵ月間）** ・シンクタンクや就職支援会社などの離職・転職に関する調査結果を収集し分析する ・社内の技術系社員に離職・転職に関する無記名のアンケート調査を実施し、結果を分析する（＊設問の設計は離職・転職に詳しい認知心理学の専門家に依頼） ・技術者の離職（転職）を防止する各種の取組みについて調査・分析する **2．離職（転職）原因を解消する組織環境改革プランを策定する（1ヵ月間）** ・1．の結果に基づき、待遇、福利厚生、組織体制などの改善プランを作る ・改善プランの中身についてヒアリングし、必要に応じて修正する **3．技術系社員のエンゲージメントを高めるプランを策定する（1ヵ月間）** ・エンゲージメントを向上させる人事評価プラン、成長支援プランを作る ・心身の健康増進プランと同僚・上司・部下との関係性構築プランを作る
企画内容に関する補足意見	優秀な人材の離職を防ぐには、2．と3．の両方が必要ですが、これからは特に3．に力を入れることが重要であると考えられます。
別添資料	上記のプランの実践ロードマップ

Section 4

提案書を作成する基本的な手順・ポイント

提案書には、提案の目的や対象読者（読み手）によっていくつもの種類があります。

このSectionでは、提案書に共通する基本的な作成手順・ポイント・事例を紹介します。

▶ **提案書とは何か？**

▶ **提案書を効率的かつ効果的に作成する手順・ポイント**

▶ **上記のポイントを意識して作成した提案書のサンプル**

提案書とは何か？

提案書とは、相手になんらかの現状変更を促すことを主目的としたもので、顧客や取引先に向けたものが多いようですが、社内のセクションや事業部などに現状の改善を提案するものもあります。提案書には、以下のようなタイプがあります。

- 製品／サービス導入提案書
- 取引内容変更提案書
- 業務フロー改善提案書
- 営業支援システム刷新提案書
- DX推進コンサルティング提案書
- 製造方法改良提案書
- クレーム対応支援システム導入提案書
- 品質管理方法変更提案書　etc.

提案書の読み手（提出先）は、客先の場合は製品サービスを実際に利用するセクションや契約管理セクションの管理者であり、組織内の場合は提案内容を検討する責任者や提案内容を共有すべきチームやグループのメンバーなどです。

提案書を効率的かつ効果的に作成する手順・ポイント

提案書作成の手順・ポイントを次の図表に示します。

図表2.7 提案書を効率的かつ効果的に作成する手順・ポイント

① 読み手の興味・関心を引くことのできるタイトルまたはサブタイトルをつける
② 提案書を通じて実現させたいことをイメージし、今回作成する提案書のタイプを判別する
③ 読み手（対象読者）がだれでどんな目的で読むのかを明らかにする
④ ②と③を踏まえ、提案が採用・実施された場合の利点や実現の要件を検討し、どんな情報を入れるべきかを判別する
⑤ ④の結果に基づいて提案書に入れるべき情報を社内・社外から収集する
⑥ 作成する提案書と同じタイプの既存の提案書を探し、利用できそうなものを見つける
⑦ その文書の構成・書式が今回の目的に適するか否かチェックし、必要に応じてカスタマイズ（調整）した別ファイルを用意する
⑧ 構成・書式を適宜カスタマイズしたファイルを上書きする形で提案書を作成し、推こう・修正して完成させる

☆提案書は、Microsoft Wordの表組みで作成し、「業務フロー改善提案書 2023年02月15日　財務部経理課作成」といった識別タグをつけておくと、再利用しやすくなります。

上記のポイントを意識して作成した提案書のサンプル

前の図表に示したポイントを意識して作成した提案書のサンプルを、次の図表に示します。

図表2.8 提案書のサンプル

デジタル技術による博物館活性化のご提案
○○県立博物館 学芸部企画課 御中
貴館の現状調査の結果を踏まえ、以下の内容をご提案いたします。

提案の主旨	先進的なデジタル技術（デジタルツインやメタバースなど）を導入することで、「知的好奇心を満たしたい」「楽しみながら、歴史、芸術、技術などを学びたい」「持続可能な社会の創造に関わっていきたい」「子どもたちに、歴史を体感し人間社会の共生・協調・共創について自分の頭で考えてほしい」といったことを考えている人たちを満足させ、博物館の近未来を一緒に創造していくアグレッシブな会員になってもらうことを主目的としたご提案です。
現状の課題	オンラインゲーム、eスポーツ、体験型テーマパーク、サブスク音楽視聴など、エンターテイメントが多様化し、学芸的な分野への関心が薄れつつある現状において、歴史的な事物や作品を見て回るだけでは、顧客に十分な価値を提供することができなくなっています。
現状を打開する方策	メタバース（仮想空間に人間社会を再現したもの）やデジタルツイン（現実社会の情報に基づいて現実社会を仮想空間上に表現したもの）を導入し効果的に活用することで、歴史的な事物や作品の価値をよりリアルに体感できるようにします。また、博物館で享受できる価値のエッセンスを、HPで広く公開するとともに、これまでの来館者や教育機関（各種の学校や教育委員会）などにプッシュ型で配信して来館需要を喚起します。
最新のデジタル技術を活用するメリット	1．地域の小・中・高校のカリキュラムに博物館での学習・自主研究が組み込まれやすくなります。※各学校での自主研究成果発表の場を設けて奨励賞を出すようにすれば、効果が増幅されます。 ＜後略＞

＜中略＞

別添資料をご参照いただき、上記内容をご検討くださいますようお願い申し上げます。

提案書提出日	2023年02月15日（12：00）
提案者	株式会社 日本歴史・文化総合研究所 鶴島 史夫
所属・職名	歴史・文化資料館研究グループ主幹研究員
別添資料	「現状調査報告書」「デジタルツール解説資料」「ツール導入ロードマップ」

※紙幅の関係で内容の一部を省略しています。

Section 5 議事録を作成する基本的な手順・ポイント

議事録には、ミーティングの目的や対象読者によっていくつものタイプがあります。

このSectionでは、議事録に共通する基本的な作成手順・ポイント・事例を紹介します。

▶ **議事録とは何か？**

▶ **議事録を効率的かつ効果的に作成する手順・ポイント**

▶ **上記のポイントを意識して作成した議事録のサンプル**

議事録とは何か？

議事録とは、なんらかの目的で開かれたミーティングで話し合われた内容の要点を重要な情報を漏(も)らさずわかりやすく記録するための文書です。議事録には以下のようなタイプがあります。

- 研究開発状況報告会議事録
- 営業報告会議事録
- 取締役会議事録
- 事業部間連絡会議事録
- 製品／サービス開発企画会議議事録
- 業務課題解決検討会議事録
- クレーム対応状況検討会議事録
- プロジェクト推進会議議事録　etc.

議事録の読み手（提出先）は、組織内の場合は、ミーティングの主催者およびメンバー（参加者・欠席者）です。議事録は、関連部署の上級管理職に配布されることもあります。

議事録を効率的かつ効果的に作成する手順・ポイント

議事録作成の手順・ポイントを次の図表に示します。

図表2.9　議事録を効率的かつ効果的に作成する手順・ポイント

①「会議名」の欄に、会議の正式名称を記載する
② 議事録を作成する目的と読み手を意識し、今回作成する議事録のタイプを判別する
③ 読み手（対象読者）がだれでどんな目的で読むのかを明らかにする
④ 会議内容の録音を聞き要点のメモを見ながら、どんな情報をどんな順序で入れるか判別する
⑤ ④の結果に基づいて議事録に入れるべき情報を収集する
⑥ 作成する議事録と同じタイプの既存の議事録を探し、利用できそうなものを見つける
⑦ その文書の構成・書式が今回の目的に適するか否かチェックし、必要に応じてカスタマイズ（調整）した別ファイルを用意する
⑧ 構成・書式を適宜カスタマイズしたファイルを上書きする形で議事録を作成し、推こう・修正して完成させる

☆議事録は、Microsoft Wordの表組みで作成するのがよいでしょう。定期的に開かれる会議の場合は、前回分の議事録データを別保存・上書きして作成するのが一般的です。「営業戦略会議議事録　2023年02月10日　営業第一部作成」といった識別タグをつけておくと、再利用しやすくなります。

上記のポイントを意識して作成した議事録のサンプル

前の図表に示したポイントを意識して作成した議事録のサンプルを、次の図表に示します。

図表2.10　議事録のサンプル

ミーティング議事録	
会議名	コンプライアンス規定書改定に関する説明会（制作局対象）
開催日時	2023年02月09日（木）の16：30～17：15
開催場所	本社赤坂別館制作局大会議室
出席者 （敬称略： 以下同様）	・中川正二（コンプライアンス委員会副委員長：説明者） <中略> ・遠藤仁子（コンプライアンス委員会事務局：議事録担当）

欠席者	原健次郎（第３制作部グループリーダー：出張）
進行役	中川正二
議事録担当	遠藤仁子（コンプライアンス委員会事務局）
作成日	2023年02月10日
議事録の配布先	・会議のメンバー：出席者および欠席者 ・会議のメンバー以外：コンプライアンス委員会の委員長および委員全員
議題	コンプライアンス規定書の改定事項に関する説明
配布資料	改定事項に関する対照説明資料
会議内容	○説明内容 ・改定事項に関する説明：コンプライアンス順守委員会副委員長の中川正二が「改定事項に関する対照説明資料」を使って改定文言と改定理由を読み上げる形で順次説明した。 ＜後略＞ ○質問事項 ・今回追加された「部長は各部員の関連企業への投資状況について把握し」という部分だが、これはプライバシーの問題もあり、部長権限で行うべきものではないのではないか？ ⇒委員会で再度検討して結果を関係者全員に通知する。（中川正二） ＜後略＞
決定事項	グループリーダーからグループメンバーへの説明は、委員会の検討結果の通知が届いたあとに行うようにする
保留事項	なし

※紙幅の関係で内容の一部を省略しています。

Section 6 製品／サービスの説明書を作成する基本的な手順・ポイント

製品やサービスの説明書は、企業の収益を左右する重要な文書と言えます。説明書がわかりにくいとクレームが増えたり売上げが下がったりする可能性があるからです。

このSectionでは、説明書に共通する基本的な作成手順・ポイント・事例を紹介します。

- ▶ **製品／サービスの説明書とは何か？**
- ▶ **製品／サービスの説明書を効率的かつ効果的に作成する手順・ポイント**
- ▶ **上記のポイントを意識して作成した製品／サービスの説明書のサンプル**

製品／サービスの説明書とは何か？

製品／サービスの説明書は、製品やサービスを開発し販売する企業が製品やサービスを適切に使って価値を感じてもらうための文書です。技術文書とビジネス文書の役割を兼ねています。説明書には以下のようなタイプがあります。

- ・製品取扱い説明書
- ・製品操作方法説明書
- ・サービス説明書
- ・サービス利用方法説明書　etc.

製品／サービスの説明書は、一般的には製品やサービスと一緒にユーザーに配布されますが、最近は文書類をネットで閲覧するケースも増えています。

製品／サービスの説明書を効率的かつ効果的に作成する手順・ポイント

説明書作成の手順・ポイントを次の図表に示します。

図表2.11　製品／サービスの説明書を効率的かつ効果的に作成する手順・ポイント

① 対象となる製品／サービスを特定し文書の目的を明示する表題（タイトル）をつける
② 作成目的（ユーザーへの価値提供）を意識し、今回作成する説明書のタイプを判別する
③ 対象読者（製品／サービスのユーザー）がだれでどんな目的で読むのかを判別する
④ ②と③を踏まえて、どんな情報を文書に入れるべきか検討し判別する
⑤ 対象読者にとって価値のある情報をどんな順序で配置するかを考慮して全体構成を決める
⑥ ④と⑤の結果に基づいて説明書に入れるべき情報を収集する
⑦ 作成する説明書と同タイプの既存の説明書を探し、利用できそうなものを見つける
⑧ 既存の説明書の目次構成が今回の目的に適しているかチェックし、必要に応じてカスタマイズ（調整）した別ファイルを用意する
⑨ 構成・書式を適宜カスタマイズしたファイルを上書きする形で仕上げて、推こうする

☆製品／サービスの説明書は、ユーザー向けの重要な資料なので、社外の協力会社に依頼してレイアウト専用のアプリケーションで作成して印刷製本するのが一般的です。また、「○○取扱い説明書　2023年03月17日　製品資料作成課作成」といった識別タグをつけておくと、再利用しやすくなります。

上記のポイントを意識して作成した製品／サービスの説明書のサンプル

前の図表に示したポイントを意識して作成した製品／サービスの説明書のサンプルを、次の図表に示します。

図表2.12　製品／サービスの説明書のサンプル

「出版コード付与＋オンデマンド印刷」サービス概要説明書	
サービスの概要	当社は出版社としての登録をして出版社コードを取得しております。これにより、教科書や一般書籍に出版コード（ISBN：国際標準図書番号）を付与するサービスを提供しております。このコードを付記した図書は、国際的に通用し、図書館等で正規の出版物として扱われます。
サービス開発の経緯	これまで、図書等にISBNコードを付記するには、出版社と契約して全国の書店に流通させるという方法が一般的でしたが、それには出版社との交渉に手間がかかり、費用もかさむという問題がありました。当社では、出版コードの付与とオンデマンド印刷を組み合わせることで、「教科書を低コストで出版したい」という先生方からのリクエストにお応えできるサービスを開発しました。
教科書が出来るまでの基本的流れ	①ご要望や条件等を伺って作業内容や印刷部数などを明確にする ②見積書をお出ししてお客様とご相談し、費用と作業内容を確定させる ③出版物（書籍）の原稿データをお預かりする ④原稿データの文章と図表を編集する ※編集の内容に応じて料金が異なります。お客様側が編集した完全原稿をお渡しいただく場合は、この工程は省きます。 ⑤DTP制作（ページレイアウト）を行う ※この工程で目次を作成します。ご要望があれば索引作成も行います。 ⑥お客様に校正（初校）とレイアウトチェックをしていただく ⑦指示された箇所の修正を行う ⑧お客様に修正部分の校正（２校）をしていただく ⑨指示された箇所の修正を行う ⑩お客様に修正部分の最終確認（念校）をしていただく ※この時点で責了となります。 ⑪指示された箇所の修正を行い、ISBNコードを付記して印刷・製本を行う ⑫出来上がった印刷物をお客様にお渡しし、指定の献本先に発送する
契約方式	「一括買取り方式」および「販売代行方式」
別添資料	・教科書のサンプル（＋見積書・請求明細書） ・「一括買取り方式」および「販売代行方式」の費用シミュレーション資料
当社担当・連絡先	営業本部第４営業グループ 三崎 萌花 携帯：○○○○○○　e-mail：△△△@△△△△△△

Section 7 業務／作業手順書を作成する基本的な手順・ポイント

業務／作業手順書は、一般的にマニュアルと言われる文書であり、熟練者でなくとも要求水準を超えるレベルで業務や作業を行えるようにするための手引書です。

このSectionでは、手順書に共通する基本的な作成手順・ポイント・事例を紹介します。

- ▶ **業務／作業手順書とは何か？**
- ▶ **業務／作業手順書を効率的かつ効果的に作成する手順・ポイント**
- ▶ **上記のポイントを意識して作成した業務／作業手順書のサンプル**

業務／作業手順書とは何か？

業務／作業手順書とは、企業や団体などの特定の業務や作業を正確かつ効率的に実施できるようにするための手引書です。必須の手順が１つでも抜けていると、業務や作業に支障が出るため細心の注意が必要です。業務／作業手順書には以下のようなタイプがあります。

・会計業務手順書	・データ入力作業手順書
・検品作業手順書	・商品発送手順書
・在庫管理手順書	・サービス利用手順書　　etc.

業務／作業手順書の読み手は、組織内で特定の業務や作業に携わる人たちや組織が提供するサービスを利用する外部の人たちです。

業務／作業手順書を効率的かつ効果的に作成する手順・ポイント

手順書作成の手順・ポイントを次の図表に示します。

図表2.13　業務／作業手順書を効率的かつ効果的に作成する手順・ポイント

① 内容のエッセンスを示唆する表題（タイトル）をつける
② 作成目的（特定の業務／作業の手順を正確かつ効率的に実施できるようにする）を意識し、今回作成する手順書のタイプを判別する
③ 手順書の対象読者がだれなのか、どんな目的で利用するのかを明確化する
④ ②と③を踏まえて、手順書にどんな情報をどんな順序で入れるべきかを検討し判別する
⑤ ④の結果に基づいて手順書に入れるべき情報を収集する
⑥ 作成する手順書と同じタイプの既存の文書を探し、利用できそうなものを見つける
⑦ 既存の手順書の構成が今回の目的に適しているか否かチェックし、必要に応じてカスタマイズ（調整）した別ファイルを用意する
⑧ 構成・書式を適宜カスタマイズしたファイルを上書きする形で仕上げて、推こうする

☆業務／作業手順書は、Microsoft WordまたはExcelの表組みで作成し、「HP作成支援業務手順書（簡易版）　2023年02月17日　営業本部営業支援課作成」といった識別タグをつけておくと、再利用しやすくなります。

上記のポイントを意識して作成した業務／作業手順書のサンプル

前の図表に示したポイントを意識して作成した業務／作業手順書のサンプルを、次の図表に示します。

図表2.14　業務／作業手順書のサンプル

小規模オフィス／個人用HP作成支援業務手順書（簡易版）	
①	当社の営業担当者が「HPプランニングテンプレート」のデモ用CDを顧客側のHP作成責任者に渡して、作成支援手法のメリットと使い方を説明する
②	HP作成責任者に、当社発行の顧客コードで専用サイトにアクセスしてもらい、「HPプランニングテンプレート」に必要な事項（多くは選択方式）を入力してもらう
③	当社のHP制作担当者が記入内容をチェックし、概算見積りを営業担当者に渡す
④	営業担当者が見積書を作成し、顧客側のHP作成責任者に渡す
⑤	HPのコンテンツに使用する画像や文章データを請求して受けとる
⑥	当社のHP制作担当者が、入手した情報に基づいてサイトマップ、トップページ、下位階層のサンプルページを作成し、顧客レビュー用の専用サイトにアップする
⑦	HPの基本構成とレイアウトサンプルに問題がないか顧客側に確認してもらう
⑧	営業担当者が顧客からの指摘を制作担当者に伝えて反映させ、残りの部分を完成させる
⑨	営業担当者が顧客側の責任者に内容を最終確認してもらい、修正があれば反映させて納品完了とし、納品書と請求書を発行する
作成者	簾藤 俊則（営業本部 営業支援課 主任）
作成日	2023年２月17日

※これは作業手順全体を把握するための簡易版であり、詳細版が別途用意されています。

Section 8

実験レポートを作成する基本的な手順・ポイント

高校、専門学校、大学、研究機関などで各種の実験を行った際に書くのが、実験レポートです。教育用の実験は特定の理論、原理、手法を学生たちに実感してもらうことが目的で、研究開発における実験は新たな法則や原理を発見または実証し機器やサービスの開発につなげることが目的です。

このSectionでは、実験レポートの基本的な作成手順・ポイント・事例を紹介します。

▶ **実験レポートとは何か？**

▶ **実験レポートを効率的かつ効果的に作成する手順・ポイント**

▶ **上記のポイントを意識して作成した実験レポートのサンプル**

実験レポートとは何か？

実験レポートとは、個人やグループで実施した実験について内容や付随するデータを上司や指導教員に正確かつわかりやすく報告するための文書です。実験レポートには次の２つのタイプがあります。

・教育用の実験レポート
・研究開発用の実験レポート

実験レポートの読み手（提出先）は、教育用の実験レポートの場合は、指導教員です。また、大学の研究室や企業の研究所において個人単位で研究している場合は、基本的に自分の研究記録として保存することになります（その中で新規性のある成果が出たものについては、研究論文を書くためのデータとして使われます）。

実験レポートを効率的かつ効果的に作成する手順・ポイント

実験レポート作成の手順・ポイントを次の図表に示します。

図表2.15　教育用の実験レポートを効率的かつ効果的に作成する手順・ポイント

① 実験レポートの表紙に、必要な情報（実験名、氏名、所属、提出日など）を記載する
②「目的」の項に、実験の目的を簡潔明快に記載する
③「理論／原理」の項に、実験に用いた理論／原理と前提条件、仮定、基本方針を記載する
④「実験方法」の項に、実験の全体イメージを示し、装置、計測方法、材料、条件などを記載する
⑤「実験結果」の項に、実験から得られたデータ、解析結果、計算過程、観察内容を記載する
⑥「考察」の項に、考察の視点、考察、考察の根拠、今後の展望などを記載する
⑦「引用・参考文献」の項に、本文中で引用または参考にした学術的な書籍（教科書を含む）や論文を、所定のルールに従って列記する

☆実験レポートについては、Microsoft Wordで作成し、「実験レポート　2023年04月17日　斎藤 英雄」といった識別タグをつけておくと、再利用しやすくなります。

上記のポイントを意識して作成した実験レポートのサンプル

前の図表に示したポイントを意識して作成した実験レポートのサンプルを、次の図表に示します。

図表2.16　実験レポートのサンプル

実験名：重力加速度の測定
氏名：○○　**共同実験者**：△△、□□　**学籍番号**：0000-0000
実験日：2023年04月25日 **提出日（メール送信日）**：2023年04月29日

○目的

単振り子の周期測定により重力加速度を推定する

○理論／原理

重力加速度をg[m/s^2]、支点から振り子までの紐の長さをL[m]、振り子を最下点に下ろしたところから測った回転角をθ[rad]とすると、振り子の運動方程式は…＜中略＞

結局、回転角が微小であると近似したときの単振り子の周期T[s]は

$$T = 2\pi\sqrt{\frac{L}{g}} \qquad (1)$$

と表される。したがって、紐の長さが既知の単振り子の周期を測定すれば、重力加速度を近似的に推定できる。

○実験方法

【使用した道具と設置】

・分銅（200 g）

・タコ糸（直径1 mm）

＜後略＞

【実験手順】

（１）紐の長さは80 cm、100 cm、120 cmの３種類を用意し、それぞれで測定した周期から重力加速度を計算して平均する

（２）測定開始位置に10回振り子が戻ってきたときにストップウォッチを停止し、そこから周期を計算する

＜後略＞

○実験結果

各紐の長さに対して測定された周期と、そこから計算される重力加速度は以下のようになった。

	80 cm	100 cm	120 cm
周期	○○s	△△s	□□s
重力加速度	9.742 m/s^2	9.751 m/s^2	9.744 m/s^2

したがって、３回の測定による平均は＜後略＞

○考察

今回求めた重力加速度の値と標準重力加速度（）の差は…＜後略＞

○引用文献

＜後略＞

※スミアミがかかっている部分は表紙ページです。

Section 9 学習レポートを作成する基本的な手順・ポイント

学習レポートは、大学などの教育機関で講義（授業）の受講者の内容理解度などを評価するためのものです。

このSectionでは、学習レポートに共通する基本的な作成手順・ポイント・事例を紹介します。

- ▶ **学習レポートとは何か？**
- ▶ **学習レポートを効率的かつ効果的に作成する手順・ポイント**
- ▶ **上記のポイントを意識して作成した学習レポートのサンプル**

学習レポートとは何か？

学習レポートとは、大学などの教育機関で講義（授業）での学習内容の要点や学習内容を踏まえた考察を簡潔にまとめたものです。学習レポートは、評価の視点によって次の２つのタイプに分類できます。

・講義内容の理解度を評価するための課題レポート
・学習内容を踏まえた考察のレベルを評価するためのレポート　　etc.

学習レポートの読み手（提出先）は、講義の担当教員です。

学習レポートを効率的かつ効果的に作成する手順・ポイント

学習レポート作成の手順・ポイントを次の図表に示します。なお、学習レポートについては、Webサイトから文章などを無断でコピペして使うといった著作権侵害行為をしないよう注意してください。

図表2.17　学習レポートを効率的かつ効果的に作成する手順・ポイント

① 表紙に、課題文、タイトル（中身のエッセンスを示唆するもの）、氏名、所属、学籍番号を明記する
② 作成目的（担当教員から高い評価を得ること）を意識し、レポート作成の方針を決める
③ 担当教員（読み手）がレポートをどんな視点・基準で評価するのかをわかる範囲で調べる
④ どんな情報をどんな順序で入れれば質の高いレポートになるのかを検討し、入れるべき情報を判別する
⑤ ④の結果に基づいてレポートに入れるべき情報を授業教材や関連資料から収集する
⑥ 作成するレポートと同じタイプの既存のレポートを探し、書き方の参考になりそうなものを見つける ※自分が前に書いた同種のレポートがあれば、それを再利用できるか検討する
⑦ 自身が前に書いたレポートの構成や書式を適宜カスタマイズした別ファイルを用意して上書きする形で仕上げるか、他者の既存のレポートの書き方（構成や文章スタイルなど）を参考にしながらレポートを作成する ※教材や関連資料からの引用については、引用箇所を明示し、引用文献リストを最後につける
⑧ 出来上がったレポートを推こうして、必要に応じて修正する（特に数字の間違いや誤字・脱字に注意する）

☆学習レポートについては、Microsoft Wordで作成し、「実験レポート　2023年04月25日　金子 唯」といった識別タグをつけておくと、再利用しやすくなります。

上記のポイントを意識して作成した学習レポートのサンプル

前の図表に示したポイントを意識して作成した学習レポートのサンプルを、次の図表に示します。

図表2.18　学習レポートのサンプル

レポート課題：人工光合成技術の開発状況と社会実装に向けた課題について、研究機関のHPなどから情報を収集して簡潔にまとめなさい。(900～1,000字)
レポートタイトル：「人工光合成技術が社会実装された場合のメリットと実現に向けた課題の考察」
作成者：金子 唯（KANEKO Yui）　**所属**：理工学部エネルギー工学科
学籍番号：SSS20-00239
提出日（メール送信日）：2023年04月25日

人工光合成は、東京大学、東京理科大学、早稲田大学、産業技術総合研究所、三菱ケミカル、TOTO、豊田中央研究所が特許を次々に申請しており、社会実装に向けた研究開発が加速し始めています。このレポートでは、<後略>

○人工光合成の定義

植物の葉緑体で行われている太陽エネルギーを変換する仕組みを模した技術です。太陽電池、バイオマス、太陽熱利用に次ぐ第4の太陽エネルギー活用法とも言われ、<後略>

○人工光合成の基本プロセス

開発が進められている人工光合成の基本的なプロセスは次図のようなイメージです。

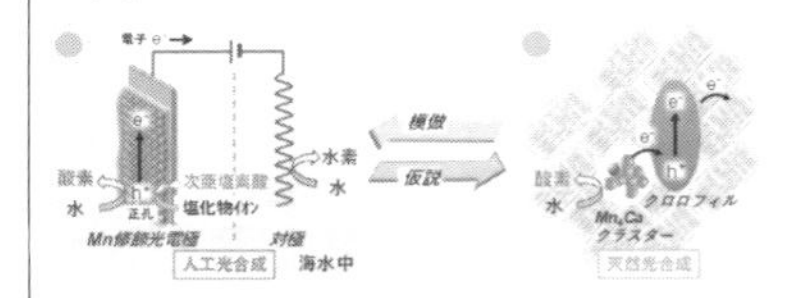

※産業総合研究所のWebサイト（https://pc.watch.impress.co.jp/docs/news/1281969.html）から転載

この図は、産業総合研究所の<後略>

○人工光合成の社会実装に向けた主要な課題

人工光合成の社会実装に向けた主要な課題は次の2つです。

・太陽エネルギー変換効率を少なくとも10％以上に高める

<後略>

○考察

特許情報プラットフォームで「人工光合成」を検索すると、「光触媒」に関する特許申請が多いことがわかります。各種の公開特許公報の要約（「課題」と「解決手段」）の内容から、太陽エネルギー変換効率を商用レベルまで高めるには、光触媒の素材構成の最適化と継時劣化を防ぐ仕組みづくりが鍵となると考えられます。また、企業や大学、政府系の研究所が研究開発競争を展開しているので、それぞれが開発している技術内容を分析・検討することで今後の方向性が見えてくると思います。

○引用文献

<後略>

※スミアミがかかっている部分は表紙ページです。

Section 10 ビジネスメールを作成する基本的な手順・ポイント

10年ほど前から、「ITエンジニアにビジネスメールの書き方のポイント教えてほしい」という企業研修の依頼が多くなっています。その理由は、顧客とエンジニアが直接コミュニケートする機会が増え、コミュニケーショントラブルが多発していることにあります。

このSectionでは、以下のトピックを通じてビジネスメールを作成する基本的な手順・ポイント・サンプルを紹介します。

- **メールテク１：ビジネスメールの４つの特質を理解しよう**
- **メールテク２：ビジネスメールの基本構成要素を知ろう**
- **メールテク３：件名のつけ方のポイントを知ろう**
- **基本要素を入れたビジネスメールのサンプルを見てみよう**

メールテク１：ビジネスメールの４つの特質を理解しよう

ビジネス用のeメールには、下表に示す４つの特質があります。ビジネス現場でeメールを適切に使いこなすには、下記の特質を理解しておくことが必要です。

図表2.19　ビジネスメールの特質の概要

○デジタル文書である 手紙が「紙に書かれた（あるいは印刷された）文書」であるのに対して、ビジネスメール（手紙の一種）は「デジタル（電子）文書」である。
○即時送受信ツールである 24時間・365日、送受信可能なツールである。緊急対応が必要な相手については、社外から送受信できるようにしておくと便利である。
○個別コミュニケーションツールである ビジネスメールは「１対多」の使い方も可能だが、基本的には「１対１」のコミュニケーションツールである。

○ビジネスコミュニケーションツールである ビジネスメールは私的なコミュニケーションツールではなく、ビジネスコミュニケーションを目的としたツールである。

メールテク２：ビジネスメールの基本構成要素を知ろう

ビジネスメールも手紙の一種であることから考えると、基本構成要素は、「件名」、「宛名」、「前文」、「本文」、「後文」、「差出人の氏名」、「連絡先」の７つになります。相手との関係（社内／社外、親しい／特に親しくない、など）しだいでこのうちのいくつかを省いてよいケースもあります。

図表2.20　ビジネスメールの７つの特質の基本構成要素

○件名：この情報は必須であり、表現の工夫が必要。
○宛名：宛名を記すのは基本的な礼儀（一斉送信の場合は、配慮が必要）。
○前文：社外向けの場合は必須。短い文でOK（やりとりが続く場合は省略可）。
○本文：要件を簡潔明快に記す（要件が複数の場合は小見出しを付すなど配慮）。
○後文：社外向けの場合は、短い文でよいのでつける（省略してもよいケースも）。
○差出人名：これも基本的な礼儀（これがないと勘違いが生じるケースも）。
○連絡先：メールを見て電話したり物品を送る場合もあるので、あったほうが親切。

メールテク３：件名のつけ方のポイントを知ろう

ビジネスメールの件名は、コミュニケーションのきっかけとなる重要な情報です。件名のつけ方が悪いと、相手に悪い印象を与えたり、メール本文を読んでもらえなくなったりする恐れもあるため、十分に注意しましょう。

図表2.21　ビジネスメールの件名のつけ方に関する３つのポイント

○ビジネスメールの件名が文書のタイトルに相当する重要なものだと認識する ビジネスメールの件名（タイトル）は、企画書、提案書、報告書のタイトルに相当するきわめて重要な情報です。中身のエッセンスを示唆する件名にしましょう。
○用件がよくわからない件名をつけない 「お礼」「ごあいさつ」「お詫び」「はじめまして」「先日の件」「打ち合わせ日時について」「お願い」といった用件がよくわからない件名をつけないよう注意しましょう。

○よく考えて適切な件名をつける

「企画作成に関するアドバイスのお礼」「福岡支店への転勤のご挨拶」「トラブル対応の遅れに関するお詫び」「御社製品の購入に関する問い合わせメールです」といったように、読む前に用件がわかる件名をつけましょう。

基本要素を入れたビジネスメールのサンプルを見てみよう

メールテク３までを踏まえて作成されたビジネスメールのサンプルを示すので、見てください。

件名：研修に関するお問合せについて（メタバース創研 織田）

株式会社 JTD 人事部 教育開発グループ
明智 さつき 様

株式会社 メタバース創生研究所の織田と申します。
メールでのお問合せ、ありがとうございます。

出張研修の費用について回答させていただきます。
リテラシーレベルの研修でしたら、講師料はテキスト原本作成料金込みで１日あたり税込み○○万円（正味○時間以内、受講者○○名以内、ビデオ撮影・配信は別料金）＋交通費（実費）です。
※技術トレーニング（実習）を含む研修については、トレーニング内容を詳しくお聞きして別途見積りをさせていただきます。

以上、よろしくお願いします。

織田 常勝（ODA Tsunekatsu）
………………………………………………………………
株式会社 メタバース創生研究所 セミナー事業部
〒000-0000　京都府大京市八条区本殿町１－１－１
Tel: 11-111-1111　e-mail: Tsunekatsu @bb.co.jp
URL: http://www.mvil.co.jp

Chapter 3

技術文書を作成する基本プロセスを知ろう

このChapterでは、技術文書という情報コミュニケーションメディアを作成する基本プロセスを説明します。ここで紹介するのは、製品／サービスの説明書や機器やソフトウエアの操作手順書といったかなりボリュームのある技術文書（実用文書）を作成する際に踏むべき手順です。

このように述べると、「自分が普段作成するのは、ほとんどA4判１、～５ページ程度の文書なので、こんな大がかりな作成プロセスについて学ぶ必要はない」と考える方がいらっしゃるでしょう。しかし、「大は小を兼ねる」の諺のように、「今回作る文書は、フェーズ２、３、５、６は必要ないから省けばよい」といった柔軟な利用の仕方をすれば、十分に用をなすのです。また、「マーケティング部門に移動して新製品のパンフレットを作ることになったけれど、どうしたらいいんだろう？」といったケースでは、基本プロセス全体が役に立ちます。

このChapterを読むことで、ボリュームの大きい技術文書を作成する基本プロセスと各フェーズの要点を理解・把握し、今後、技術文書を作成する際に活用できるようになります。

●技術文書の作成プロセスをフェーズ化する方法

●技術文書作成プロセスの各フェーズで行うべき作業

Section 1 技術文書の作成プロセスをフェーズ化する方法

Chapter2で紹介したように、技術文書には既存のテンプレート（情報記入用のフォーム）の空欄を埋めれば出来上がるような単純なものから、たとえば高機能エアコンの取扱い説明書のようにボリュームが大きく作成に多くのスキルや労力を要するものまであります。

このSectionでは、ページ数が多く企業や団体の事業・活動において重要な役割をもつような技術文書を効率的に作成するための基本手順を紹介します。

- **技術文書の作成プロセスをフェーズ化するメリットを知ろう**
- **技術文書作成プロセスをデジタル化することでメリットを増幅させよう**

技術文書の作成プロセスをフェーズ化するメリットを知ろう

50ページとか100ページとかいったボリュームの大きい技術文書を作る場合は、作成プロセス全体を俯瞰（ふかん）し、関連の深い作業をフェーズ（工程）ごとにまとめることによって、作成効率を高め品質を向上させることができます。これは、企業やその他の団体がプロジェクトの実行計画を立てる場合に全体の活動を複数のフェーズに分割してフェーズごとの作業計画を作成したほうがプロジェクトの目標達成・成果達成の確率が高くなるのと同じ原理です。

技術文書を実際に作成するときは、「このフェーズでこの作業とこの作業を行ってこういう成果物を作り、次のフェーズでこの作業とこの作業を行ってこういう成果物を作る」といった具体的かつ効率的な作業工程表を作成することによって、文書の最終品質（読み手に提供できる価値）を高めることができるのです。

次の図は、紙媒体に印刷される技術文書、あるいは印刷文書をそのままデジタル化したような静的な電子文書（たとえばPDF形式のオンラインマニュアルのような電子文書）を作成する際の標準的な作業をフェーズ単位でフローチャートにしたものです。

図表3.1　標準的な技術文書の作成プロセスのフローチャート

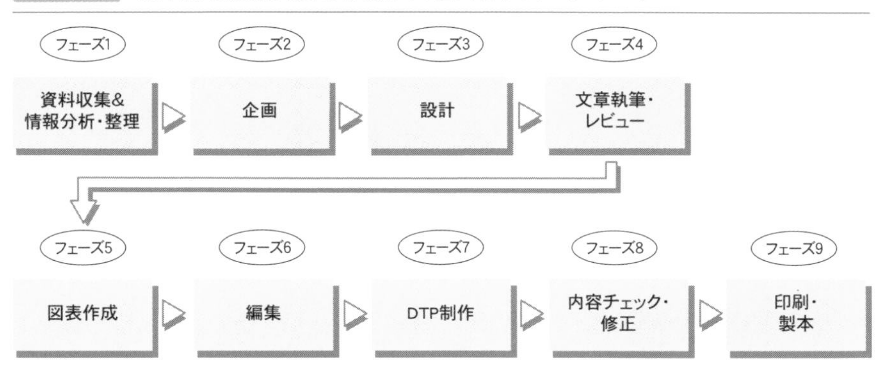

※図中のDTPとは、一般的にはDesk Top Publishingの略で、デスク（机）上のパソコンを用いて印刷用のレイアウトデータを作成する（あるいは電子文書用のレイアウトデータを作成する）ことを意味します。

各フェーズでの作業のポイントについては、次のSectionで説明します。ここでは、ボリュームの大きい技術文書の作成を効率化し品質も向上させるには、作成プロセスを上記の９つのフェーズ（工程）に分けて実施する必要があることを認識しておいてください。

なお、「ボリュームの大きい技術文書では」と述べましたが、５ページとか10ページ程度の技術文書の場合も、作成プロセスをフェーズ化してフェーズごとに着実に作業をこなすほうが、作成効率が上がり品質も高まります（状況に応じていくつかのフェーズを省いたり統合したりすることで、手間を少なくすることも可能です）。

技術文書作成プロセスをデジタル化することでメリットを増幅させよう

今話題のDX（Digital Transformation：デジタルトランスフォーメーション）を推進する意味でも、技術文書作成プロセスのデジタル化を進める必要があります。このデジタル化の主な目的は、文書を作成する側と利用する側（読み手）

の双方にとってのメリットを増幅させることにあります。

テンプレート化とフォーマット化を通じて文書作成を効率化しよう

ほぼ定型化されているタイプの技術文書には、既存の文書を上書きする形で再利用できるものが多く存在します。これは、筆者の一人である浅岡伴夫が数十年前に開発して企業向けのセミナーやコンサルティングを通じて推奨してきた文書作成を効率化するための「テンプレート化手法」の延長線上に生まれた文書作成技法です。たとえば、各種の会議の概要を記録する議事録や新しいアイデアを実現するための企画書などは、時代を経る中で合理的な定型フォーマットが生まれ、そのフォーマットを使って作成された既存の文書を上書きする形で作られるようになっています。

この方法は、一からレイアウトや説明の順序（構成）などを決めて文書を作っていくという一昔前のやり方をデジタル技術の活用によって大きく変容させたという点で、DX（デジタルトランスフォーメーション）そのものであると言えます。

ここでのポイントは、文書の作り手と読み手の双方にメリットがあるという点です。

既存の技術文書内の文章や図表を効率的に再利用しよう

定型化が難しい文書やボリュームが大きくて既存の文書を上書きする形で再利用しにくい文書の中にも、文章や図表が再利用できるものがたくさんあります。ただし、そういう場合でも、紙の原稿からデジタルデータを作り直すのでは手間とコストがかかります。この手間とコストを削減する効果的な方法は、既存の技術文書のうち文章や図表が再利用できる可能性があるものをデジタルデータの形で保存しておくことです。

既存の文書をデジタルデータとして保存しておくと、技術文書を新たに作成する際に、文章や図表が再利用できそうな類似の文書ファイルをいくつか特定し、節見出し、項見出し、図表タイトルなどをキーワードとして検索することで、再利用可能な文章や図表を見つけ出すことができます。

DX推進に向けて文書再利用のための文書データ保存庫を整備しよう

既存の文書をデジタルデータとして保存しておく文書データ保存庫は「データベース」の一種です。データベースとは、大量のデータを一定のルールに基づいて保存・蓄積し、一元管理できるようにした電子的なデータ保管庫を意味します。データベースには、リレーショナルデータベース、オブジェクトデータベース、XMLデータベースなどがありますが、こういった本格的なデータベースはITスキルの高いエンジニアが作成し、詳細な運用ルールや操作手順を決めて管理する必要があります。ただ、そうなると、ルールや操作手順をよく知らない人たちが簡単に利用できないという「デジタルデバイド（デジタル知識やスキルが足りない人が利便性を享受できなくなること）」が生じることになります。

ITスキルが高くない人が既存のデジタル文書を簡単に再利用できるようにするには、たとえば下表に示す手順でフォルダー格納型の「技術文書再利用データベース」を各事業部で自主的に作成して日常的に利用するほうが、DX推進の主旨に合っているのではないでしょうか？

図表3.2 フォルダー格納型の「技術文書再利用データベース」を作成する手順

① ビジネス現場で文書作成によく使われるMicrosoft Word、Microsoft PowerPoint、Microsoft Excelなどで作成した技術文書に、再利用しやすいように文書のタイプ、作成部署、作成日付を入れたファイル名（識別タグ）をつける
② 文書のタイプで分類し、タイプ別のフォルダーを作って該当する文書ファイルを格納する
③ タイプ別に格納されている文書ファイルを作成部署（部などの単位）で分類し、作成部署フォルダーを作って該当する文書ファイルを格納する
④ 作成部署別に格納されている文書ファイルを作成日付で分類し、作成日付フォルダーを作って該当する文書ファイルを格納する
⑤「技術文書再利用データベース」という名前の文書フォルダーを作り、②で作成した文書タイプ別のフォルダーをその「親フォルダー」に格納する

このフォルダー格納型のデータベースはデータベースの専門家やデータベース管理ソフトのベンダー（販売企業）からは相手にされないでしょうが、利用者の使い勝手や有用性を考えると、十分価値があります。筆者たちは、「ビジネス現場に専門的なデータベース管理システムなど導入する必要はない」と主

張しているのではなく、「高額なデータベース管理システムを導入・運用するのであれば、現場の利用者たちにとって使い勝手がよくメリットも大きいものにしなければならない」と述べているのです。

参考までに、図表3.2の手順に従って作成した「技術文書再利用データベース」の構成イメージを次の図表に示します。

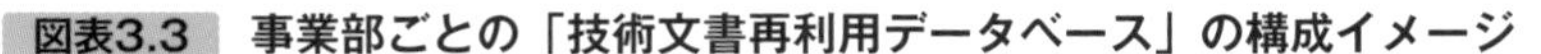

図表3.3　事業部ごとの「技術文書再利用データベース」の構成イメージ

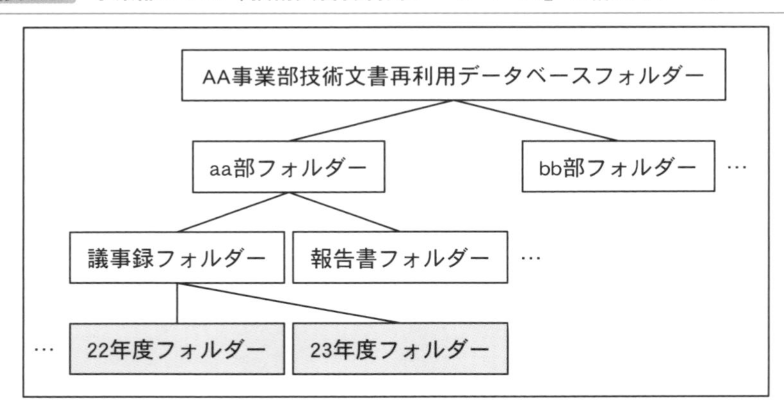

上記のフォルダー格納型のデータベースは、「ディレクトリー」を用いてファイルが分類されるファイル管理システムを参考にしたものです。ファイル管理システムでは「ディレクトリー」と呼ばれる分類用の識別子がフォルダー格納型のデータベースでは「フォルダー名」になります。

なお、事業部ごとに作成された「技術文書再利用データベース」の上位に「文書再利用データベース」フォルダーを設けて、別に作成した「ビジネス文書再利用データベース」フォルダーを「技術文書再利用データベース」と並列させる形で格納することも可能です。当然ですが、各事業部の「文書再利用データベース」(「技術文書再利用データベース」と「ビジネス文書再利用データベース」から構成される)を他の事業部からもアクセスできるようにしておけば、文書再利用の幅が広がります。

Section 2 技術文書作成プロセスの各フェーズで行うべき作業

Section1の最初の項に示したように、技術文書を効率的に作成するには、意味のある一まとまりの作業を表すフェーズに分解してそれぞれのフェーズで何をどのように行うのかを明確にしてから、作成作業をスタートさせる必要があります。

このSectionでは、Section1の図表3.1に示した「標準的な技術文書の作成プロセスのフローチャート」の各フェーズで行うべき作業について説明します。

- **▶ 資料収集＆情報分析・整理フェーズでの作業のポイント**
- **▶ 企画フェーズでの作業のポイント**
- **▶ 設計フェーズでの作業のポイント**
- **▶ 文章執筆・レビューフェーズでの作業のポイント**
- **▶ 図表作成フェーズでの作業のポイント**
- **▶ 編集フェーズでの作業のポイント**
- **▶ DTP制作フェーズでの作業のポイント**
- **▶ 内容チェック・修正フェーズでの作業のポイント**
- **▶ 印刷・製本フェーズでの作業のポイント**

資料収集＆情報分析・整理フェーズでの作業のポイント

これから作成する予定の技術文書の中身に関連する資料を収集し、内容を分析して参考になりそうな情報や使えそうな情報を洗い出して整理するフェーズです。このフェーズでの作業を疎（おろそ）かにすると、企画フェーズ、設計フェーズ、文章執筆・レビューフェーズ、図表作成フェーズでの作業の途中で何度も手を止めて資料の収集や情報の分析・整理をしなければならなくなります。

企画フェーズでの作業のポイント

資料収集＆情報分析・整理フェーズで整理した情報を参考にして、これから作成しようとする技術文書の概要を明らかにするフェーズです。プロジェクトマネジメントで言えば、プロジェクトプランを作成する段階に相当します。プロジェクトの成否がプロジェクトプランの良し悪しにかかっているのは周知の事実ですが、技術文書作成の最終品質が企画内容の良し悪しにかかっていることはほとんど認識されていません。

設計フェーズでの作業のポイント

企画フェーズで作成した「文書企画書」の内容に基づいて、技術文書の構造を詳細レベルまで設計するとともに、文章執筆・レビューフェーズ以降の作成スケジュールを立てるフェーズです。

たとえば、航空機を製造する際に設計フェーズを疎かにしたら事故が起こる確率がきわめて高くなることは、だれにでもわかるでしょう。これと同様に、技術文書の作成においても設計フェーズをしっかりした理論や手法に基づいて行わないと、読者にとってわかりやすく読みやすい構造の文書にはなりません。「技術文書の構造を詳細レベルまで設計する」をもう少し具体的に表現すると、「文書の構造が明確にわかるように階層化・体系化された目次を作る」になります。

文章執筆・レビューフェーズでの作業のポイント

企画フェーズで作成した「文書企画書」を参考にし、設計フェーズで作成した「文書設計書」を利用し、資料収集＆情報分析・整理フェーズで整理した情報を使って、技術文書の主要な構成要素である技術文章を執筆するフェーズです。

文章を執筆する際には、どこにどんな図表を入れるかの指示も行います。作成する文書の概要イメージが固まり詳細な目次と作業スケジュールが出来て執筆に使える情報が用意されているので、文章の執筆にかかる手間はそれほど多くはありません。また、このフェーズでは、執筆した原稿をレビューして用字・表記・用語を統一したり問題のある表現を手直ししたりする必要もあります。

図表作成フェーズでの作業のポイント

文章執筆・レビューフェーズで文章を執筆する際に指示された内容に基づいて図表を作成するフェーズです。

このフェーズでの作業のポイントは、前のフェーズで作成された原稿をよく読み、図表作成指示の意図を十分に理解し、その意図にもっとも適する図表を作成することです。図表の作成には、特殊なケースを除けば、ビジネス現場でよく使われるMicrosoft Word、Microsoft PowerPoint、Microsoft Excelを利用するのがよいでしょう。デジタルデータの再利用には、元の文書の文章や図表の作成に使用されたアプリケーションが必要だからです。

「作成された文書がPDF化されていれば再利用できるから問題ない」という意見もありますが、中身の修正やレイアウトの変更が自由にできないと再利用の幅が狭くなってしまうので、この方法はおすすめしません。

編集フェーズでの作業のポイント

文章執筆・レビューフェーズで書かれた文章と図表作成フェーズで作成された図表を統合し、文書の内容をチェック・修正しながらフォーマット（レイアウト）を整えていくフェーズです。

具体的には文書の構造を見直したり、見出しのレベルや表現を整えたり、用字・表記・用語や文章表現に問題がないかチェックしたり、図表番号やタイトルをつけたりする作業です。このフェーズでの作業は、文章執筆・レビューフェーズでのレビュー作業と一部重なりますが、文章を書いたあとの自己チェックと編集時のチェックでは視点が変わるので、決してムダではありません。執筆者とは別の人が編集作業を担当するほうが、通常は品質が高くなります。

DTP制作フェーズでの作業のポイント

編集フェーズでの作業が終了した文章データと図表データを用いて、DTP制作を行うフェーズです。

ここで言うDTPとは、一般的にはDesk Top Publishingの略で、デスク（机）上のパソコンを用いて印刷物を作成する（あるいは印刷物の元になるレイアウトデータを作成する）ことを意味します。DTP作業を行うためのアプリケーションソフトには、Adobe InDesign、QuarkXPress、Adobe FrameMaker といったDTP専用ソフトから、Microsoft Wordや一太郎のような文書作成用ソフトまでいろいろあるので、印刷品質や作成効率などの要件に応じて使い分ける必要があります。

ただし、顧客向けに印刷・製本して配布するような場合を除けば、先ほど述べたように、日本のビジネス社会でデファクトスタンダード（暗黙的な標準）になっているMicrosoft Word、Microsoft PowerPoint、Microsoft Excelを利用するほうがよいと考えられます。

内容チェック・修正フェーズでの作業のポイント

DTPフェーズでレイアウトされた文書データをプリンターで打ち出したものの内容を関係者がチェックし、必要な修正をデータ上に反映させるフェーズです。

ここでのチェックは、原稿を執筆した本人だけが行うのではなく、その技術文書を作るよう指示した人や文書の内容に関わりのある人たちが協力して行うほうが最終品質が向上します。ただし、「船頭が多いと船が山に上る」恐れがあるため、その文書の内容に最終責任を負う人が修正の最終判断をするといったルールを決めておくことをおすすめします。

印刷・製本フェーズでの作業のポイント

内容チェック・修正フェーズが完了したレイアウトデータを印刷して製本するフェーズです。

これで、技術文書が完成したことになります。ここで言う印刷とは、印刷会社で本格的に印刷することだけを指すわけではなく、プリンターで打ち出すことも含まれます。また、製本についても同様で、大がかりな機械を使って商業印刷物を綴じることだけを意味するのでなく、ホチキスで綴じたりパンチャーで穴を開けてバインダーに綴じたりすることも含まれます。

このほか、作成者側はレイアウトデータを電子文書としてeメールやCD-ROMなどで配布したりクラウド上に公開したりするだけで、印刷・製本については読者側が必要に応じて行う、というケースもあります。

Chapter 4

技術文章を書く前に情報を収集し整理する方法を知ろう

Chapter２で技術文書のタイプごとの作成手順と各手順のポイントを説明し、Chapter３ではボリュームの大きい技術文書を効率的に作成する基本プロセスと各フェーズで行う作業の要点を解説しました。

このChapterでは、技術文書の主要な構成要素である技術文章を円滑に書き進めるために必要な準備について説明します。その準備とは、文章や図表の執筆・作成にとりかかる前に、文章や図表に入れる情報を収集して使いやすいように整理しておくことです。下準備の大切さについて、中国料理の「八宝菜」を例にとって考えてみましょう。八宝菜の材料は、ハクサイ、ニンジン、長ネギ、キクラゲ、クワイ、ウズラの卵、ギンナン、ブタ薄切り肉、エビのむき身、イカなど。中国料理は強火で素早く炒めるのがコツですが、下準備（必要な材料を集めて下ごしらえし、使いやすいように配置すること）がしっかりなされていないと、炒め時間が長くなって一部の材料が焦げたり火が通らなかったりして、間違いなくまずくなります。

このChapterを読むことで、情報収集・整理を効率的に実施する方法を習得して技術文書の作成に活用できるようになります。

●資料収集＆情報分析・整理はなぜ必要なのか？

●どのような資料を収集したらよいか？

●収集した資料の中身をどのように分析・整理したらよいか？

Section 1 資料収集&情報分析・整理はなぜ必要なのか？

前述のように、プロの料理人が料理に必要な食材を集めて下ごしらえせずに料理にとりかかることはないでしょう。これと同じように、技術文書を作成する場合も、作成作業に利用できそうな資料をあらかじめ集めておく必要があります。

このSectionでは、資料収集&情報分析・整理の必要性とメリットを明らかにするために、下記のトピックについて説明します。

▶ **資料収集&情報分析・整理とは何か？**

▶ **資料収集&情報分析・整理を行うメリットは何か？**

▶ **資料収集&情報分析・整理フェーズの作業フローを知ろう**

資料収集&情報分析・整理とは何か？

資料収集&情報分析・整理は、下図のように、Chapter 3で説明した技術文書を作成する基本プロセスの最初のフェーズです。

図表4.1 技術文書作成プロセスの第1フェーズ「資料収集&情報分析・整理」

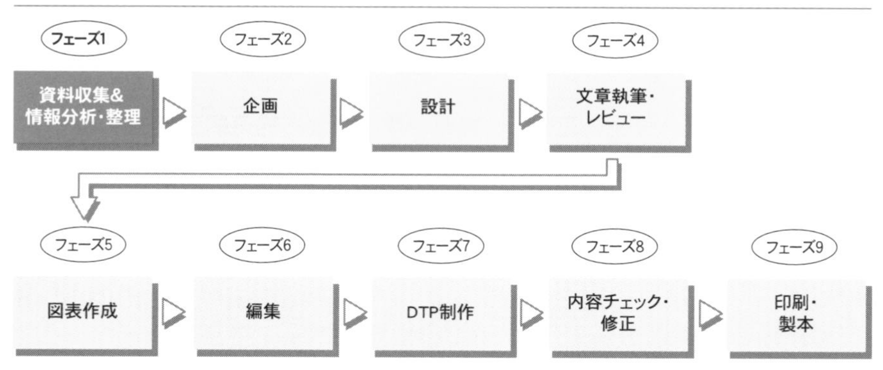

まず、作成しようと考えている技術文書を作る際に参考になりそうな資料と技術文書の作成に文章や図表を再利用できそうな資料を可能な限り集めて、それらの中身（情報）を分析して利用できそうな情報を洗い出し、この情報はこの作業を行う際の参考にするとかこの情報はどこにどういう形で使うという形で整理しておけば、実際の作成フェーズに入ったときに余計なことを気にせずにそのフェーズで行うべき作業に専念することができます。つまり、資料収集＆情報分析・整理とは、実際に技術文書を作成する際に利用できる情報を集めてすぐに利用できる状態に下ごしらえしておくことを意味するのです。

資料収集＆情報分析・整理を行うメリットは何か？

たとえば、100ページくらいのボリュームの取扱い説明書を作成すると仮定しましょう。１ページの文章量が1,500文字だとすると、全部で15万文字の文章を書かなければなりません。これは、文章を書くのにあまり慣れていない技術者にとっては気の遠くなるような数字です。しかし、この文書の中身として利用できそうな技術資料が300ページ分くらいあったとしたら大分気が楽になるのではないでしょうか。そして、たとえばそれらの資料の内容を分析した結果、実際に使えそうな部分が90ページくらいあるとしたら、「これならなんとかなりそうだ」という実感が湧いてくるはずです。

ここに示したのは執筆者の精神的なプレッシャーの軽減というメリットですが、このほかに「企画フェーズ以降での作業の効率が高まり、スピードも速くなり、最終品質も高まる」という計測可能なメリットもあります。最終品質が高まるのは、利用できそうな資料の収集と情報の分析・整理という下ごしらえの作業と実際の執筆作業を分けて行うことにより、両方の作業品質を高めることが可能だからです。

また、このメリットは文書のページ数が多ければ多いほど大きくなります。５ページとか10ページくらいの小ボリュームの技術文書なら、場当たり的に作業を進めても、やり直しを繰り返すことでなんとか仕上げることができるでしょう。しかし、100ページ以上の技術文書を作るとなると、場当たり的なやり方はまったく通用しません。

資料収集&情報分析・整理フェーズの作業フローを知ろう

このフェーズで行う作業のフロー図を、次の図表に示します。まず、情報を収集し、その中身を分析して、技術文書作成のどの作業にどのような形で利用できるのかを整理します。

図表4.2　資料収集&情報分析・整理フェーズの作業フロー

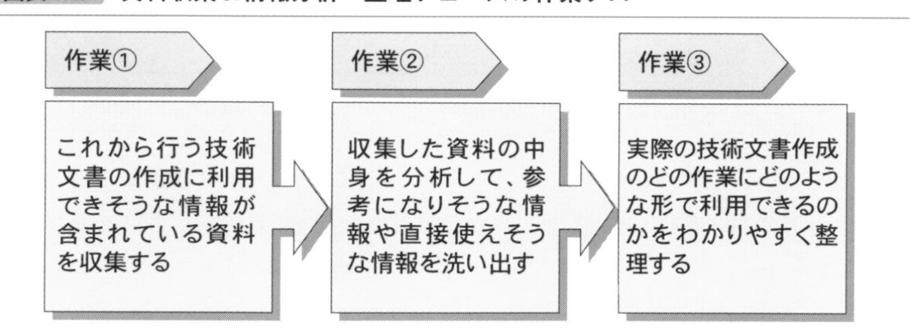

Section 2

どのような資料を収集したらよいか？

技術文書の作成に役立つ資料とは、どのようなものなのでしょうか。Section1でも述べたとおり、このフェーズで収集すべき資料は、「技術文書を作る際に参考になりそうな資料」と「技術文書の作成に文章や図表を再利用できそうな資料」の２種類です。

このSectionでは、これを踏まえて、下記のトピックについて説明します。

- **技術文書を作る際に参考になりそうな資料とは？**
- **技術文書の作成に文章や図表を再利用できそうな資料とは？**
- **アプリケーションソフトウエアの開発企画書を作成する場合に収集すべき資料**

技術文書を作る際に参考になりそうな資料とは？

ここでは、ボリュームが大きい製品の取扱い説明書を例にとって話を進めていきます。これまでに製品の取扱い説明書を一度も作成した経験のない社員が新製品の取扱い説明書を作成するよう上司から指示されたと仮定します。「ハイわかりました」と言って作成作業にすぐにとりかかれる人は、まずいないでしょう。そんなときに一番参考になるのは、自社の類似製品の取扱い説明書です。作る側の視点からその文書の中身を吟味すれば、新製品の取扱い説明書をどう作ればよいのかの具体的なイメージが湧いてくるはずです。

日本人は、戦後の高度経済成長期に米国や欧州の先進諸国から「猿まねで急成長するずるい国」との批判を受けました。しかし、オリジナルの技術や製品を参考にしてそれよりもよいものを作り出すのも立派な才能のひとつです（もちろん、オリジナルの技術や製品に存する知的財産権は尊重しなければなりませんが）。参考資料が役立つのは、はじめて取扱い説明書を作る人だけではありません。技術文書作成の経験が豊富な人でも、文書を企画したり構成を考えたりするのは大変です。参考になる資料があれば、一から考える手間が省けて、オリジナルの文書よりよいものが作れる可能性も高くなります。ただし、社外の文書から文章や図表を無断で流用すると著作権侵害になる恐れがあるので、許可がとれる場合や後のChapter 7のルールに従って引用すれば許容されるケース以外は使わないようにしましょう。

技術文書を作成する際に参考になる資料は、もちろんこれだけではありません。次の図表に、新製品の取扱い説明書を作成する場合に参考になりそうな資料の一覧を示しておきます。

図表4.3　取扱い説明書の作成時に参考になりそうな資料、利用方法、資料の所在の一覧表

参考になりそうな資料の名前	利用方法	資料の所在（紙文書や電子データの保管場所）
自社または他社の類似製品の取扱い説明書	新しく作成する取扱い説明書の全体イメージや内容構成を考える際に参考になる（企画フェーズ、設計フェーズ、文章執筆・レビューフェーズ、図表作成フェーズの作業に役立つ）	
自社の類似製品の製品企画書	類似する製品がどのような意図で企画されたのかを知ることができる	
自社の類似製品の仕様書	類似する製品の仕様書内の情報が取扱い説明書にどのような形で使われているのかを知ることができる	
自社の類似製品の設計書	類似する製品の設計書内の情報が取扱い説明書にどのような形で使われているのかを知ることができる	
自社の類似製品の製品パンフレット	類似する製品のメリットがどのようにアピールされているのかを知ることができる	
自社の新製品の製品企画書	新製品がどのような意図で企画され、どのような特長をもつのかを知ることができる	
etc.		

※この表の「資料の所在」の欄には今は情報が入っていませんが、実際には紙文書や電子文書のファイル名やフォルダー名などを記入します。

この一覧表の内容は作成する文書が製品の取扱い説明書であることを前提としたものですが、ほかの種類の技術文書を作成する場合にも、参考になる資料を判別する助けになります。この表については、上図にアミがかかっているセルを空欄にした情報入力用の画面テンプレートを用意して、必要な情報を入力するようにすると便利です。

技術文書の作成に文章や図表を再利用できそうな資料とは？

前の項では技術文書を作成する際に参考になる情報について述べましたが、この項では、新しく技術文書を作成する際に文章や図表を再利用できそうな資料について説明します。

前項と同様に、新製品の取扱い説明書を作成するケースを考えましょう。一般的には、製品の取扱い説明書は仕様書（特に機能仕様書）をもとにして作られるため、再利用できそうな情報（文章説明や図表）が一番多く含まれているのは機能仕様書だと言えるでしょう。ここで言う機能仕様書とは、製品（ソフトウエアも含む）の用途（それを使うと何ができるのか）を詳しく説明する文書のことです。また、設計書の内容の一部（たとえば外観の形状や寸法といった情報）も取扱い説明書に使えます。このほか、類似する製品の取扱い説明書の目次、警告表示、トラブル発生時の対処方法（「困ったなと思ったら」など）、製品のお手入れ方法、ソフトウエアの知的財産権に関する情報などは、一部修正すれば再利用できます。

技術文書を作成する際に文章や図表を再利用できる資料は、これだけではありません。次の図表に、新製品の取扱い説明書を作成する場合に文章や図表を再利用できそうな資料の一覧を示しておきます。

図表4.4　取扱い説明書の作成時に文章や図表を再利用できそうな資料、利用方法、資料の所在の一覧表

文章や図表を再利用できそうな資料の名前	利用方法	資料の所在（紙文書や電子文書の保管場所）
自社または他社の類似製品の取扱い説明書	類似の度合いにもよるが、目次、警告表示、トラブル発生時の対処方法、製品のお手入れ方法、ソフトウエアの知的財産権に関する情報などは、手直しすれば再利用できる可能性が高い（競合他社の類似製品の取扱い説明書の情報を利用する場合は、著作権を侵害しないよう十分注意する必要がある）	

自社の新製品の仕様書（特に機能仕様書）	機能仕様書の文章説明や図表は、一部手直しすればそのまま取扱い説明書の原稿執筆に使うことができる（ただし、構成や説明の視点を製品作成者から製品利用者に転換する必要がある）	
自社の新製品の設計書	設計書にある外観や部分の形状、各部の名称や寸法といった情報は取扱い説明書に使うことができる（ただし、製品の利用という視点から表現方法を簡易化するなどの工夫も必要になる）	
自社の類似製品の取扱い説明書を作るための文書企画書	類似製品の取扱い説明書の作成過程で作られた文書企画書がある場合は、それを次の企画フェーズで作る新しい文書企画書のベースに使うことができる	
自社の類似製品の取扱い説明書を作るための文書設計書	類似製品の取扱い説明書の作成過程で作られた文書設計書がある場合は、それを企画フェーズの次の設計フェーズで作る新しい文書設計書のベースに使うことができる	
etc.		

※この表の「資料の所在」の欄には今は情報が入っていませんが、実際には紙文書の保管場所や電子文書のファイル名やフォルダー名などを記入します。

この一覧表の内容は作成する文書が製品の取扱い説明書であることを前提としたものですが、ほかの種類の技術文書を作成する場合にも、再利用できる資料を判別する助けになります。

この表については、図にアミがかかっているセルを空欄にした情報入力用の画面テンプレートを用意して、必要な情報を入力するようにすると便利です。

アプリケーションソフトウエアの開発企画書を作成する場合に収集すべき資料

ここでは、技術文書を作成する際に役立つ資料がどのようなものなのかについて、「アプリケーションソフトウエアの開発企画書」を例にとって、どのような資料を収集すべきかを説明します。この開発企画書は、ソフトウエア開発会社の教育機関用システム開発部の担当者が新製品（アプリケーションソフトウエア）の開発に向けて社内の関係者用に作成する文書であり、「企画書」の役割と「概要説明書」の役割を兼ねています。

次の図表は、このアプリケーションソフトウエアを開発したソフトウエア開発会社K社の組織概要図です。

図表4.5　ソフトウエア開発会社K社の組織概略図

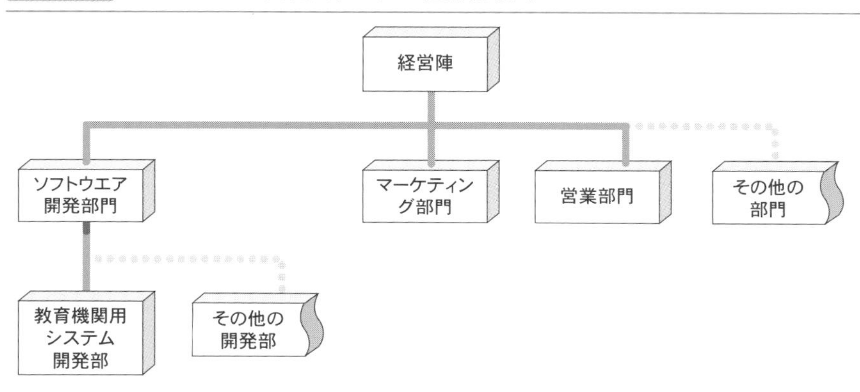

次に示す図表は、アプリケーションソフトウエア（以降「アプリ」と略す）の開発企画書を作成する際に参考になりそうな資料、利用方法、資料の所在を一覧表にしたものです。

図表4.6　アプリの開発企画書を作成する際に参考になりそうな資料、利用方法、資料の所在の一覧表

参考になりそうな資料	利用方法	資料の所在（紙文書や電子文書の保管場所）
類似する自社アプリの開発企画書A、B、C、D	新しく作成するアプリ開発企画書の全体イメージや内容構成を考える際に参考になる（企画、設計、文章執筆・レビュー、図表作成の各フェーズの作業に役立つ）	「Webシラバスナビ開発企画書」（Tech-DocuDB内）
類似する自社アプリのパンフレット	類似する自社アプリのメリット（特長）がどのようにアピールされているのかを知ることができる	営業資料センターの製品営業資料DB内
競合する他社の類似アプリの製品パンフレット	競合する他社のアプリの製品説明書を参考にすれば、開発したいアプリの価値を的確にアピールできる	教育機関用システム開発部の他社資料保管棚（Tech-DocuDB内）

競合する他社の類似アプリの操作手順書	他社の競合アプリの操作手順書を参考にすれば、開発したいアプリの使い勝手や機能の高さを的確にアピールできる	教育機関用システム開発部の他社資料保管棚（Tech-DocuDB内）
etc.		

※「資料の所在」欄で「」に入っているのは電子ファイル名です。また、Tech-Docu DBとは、K社のソフトウエア開発部門の「技術文書データベース」の名称です。

次の図表は、アプリの開発企画書を作成する際に文章や図表を再利用できそうな資料、利用方法、資料の所在を一覧表にしたものです。

図表4.7　アプリの開発企画書を作成する際に文章や図表を再利用できそうな資料、利用方法、資料の所在の一覧表

文章や図表を再利用できそうな資料の名前	利用方法	資料の所在（紙文書や電子文書の保管場所）
類似する自社アプリの開発企画書A	アプリの機能や用途の類似度合にもよるが、同タイプの開発企画書があれば、それを上書きして再利用できる	「Webシラバス作成ナビ開発企画書」（Tech-DocuDB内）
類似する自社アプリの開発企画書C	同タイプの開発企画書が複数ある場合は、全体構成の適応性と使える情報の多さで、いずれかを選択して使用する	「シラバス作成支援システム開発企画書」（Tech-DocuDB内）
etc.		

※「資料の所在」欄で「」に入っているのは電子文書のファイル名です。また、Tech-Docu DBとは、K社のソフトウエア開発部門の「技術資料データベース」の名称です。

このSectionの各図表にetc.と記されているように、ここに示した以外にも参考になる資料や文章や図表を再利用できる資料が存在するので、必要に応じて収集してください。ただし、情報はたくさん集めれば集めるほどよいというわけでもありません。各フェーズの作業に利用できる資料が十分に集まったと感じたら、資料の収集を切り上げましょう。

Section 3 収集した資料の中身をどのように分析・整理したらよいか？

収集した資料に含まれる情報がすべて利用できるというわけではありません。資料を収集し終わったら、中身の情報を分析して、参考になりそうな情報や再利用できそうな情報（文章や図表）を洗い出します。次に、それらの情報を分類して、企画フェーズ以降の作業にすぐ利用できるように整理します。

このSectionでは、収集した資料の中身（情報）の分析・整理の仕方を明らかにするために、下記のトピックについて説明します。

- ▶ **資料の中身をどのように分析したらよいか？**
- ▶ **情報をどのように整理したらよいか？**
- ▶ **アプリの開発企画書を作成するために収集した資料の分析・整理の仕方**

資料の中身をどのように分析したらよいか？

ここで言う「中身の分析」とは、Section 1 の図表4.2に示した「資料収集&情報分析・整理フェーズの作業フロー」の作業②、つまり「収集した資料の中身を分析して、参考になりそうな情報や直接使えそうな情報を洗い出すこと」を意味します。

収集した資料の中身の分析は、技術文書の作成プロセスを明確に意識し、各フェーズでの作業内容に留意しながら行う必要があります。たとえば、設計フェーズでは文書の目次構成案と作成スケジュールを作ることが主要な作業になるため、目次構成案と作業スケジュールを作成する際に参考になる情報や再利用できそうな情報（文章や図表）を洗い出すことを意識しておかなければなりません。また、文章執筆・レビューフェーズでは実際に文章を書き文章の間に入れる図表のデータやラフスケッチを用意しレビューを行うわけですから、文章のもとになる情報、書き方の参考になる情報、図表の元になる情報、図表作成の参考になる情報、レビューに使える情報（用字・表記・用語の指針など）

を洗い出すことを意識しておかなければなりません。

各フェーズで行うべき作業の概要が、Chapter 3のSection 2に示してあるので、収集した資料の中身の分析を行う前に、必ずその内容を確認しておいてください。

 情報をどのように整理したらよいか？

参考になりそうな情報や再利用できそうな情報の洗い出しが終わったら、それぞれの情報が実際の技術文書作成のどこのフェーズのどの作業にどのような形で利用できるのかをわかりやすく整理しておく必要があります。

この項では、洗い出した情報を整理する方法を、紙に印刷された資料内の情報を整理する方法と電子文書内の情報を整理する方法とに分けて説明します。

紙に印刷された資料から洗い出された情報を整理する方法

下記の手順で情報を整理します。

①付せん上に、その情報を具体的にどんな作業の参考にするのか、あるいはどんな成果物のどの部分に使うのかを記述する（この付せんは、利用できそうなフェーズごとに色分けしておくと、実作業時に簡単に探すことができます）

②再利用できそうな情報がある箇所にその付せんを貼りつける

実際に技術文書を作成する際には、該当する色の付せんの内容を見ながら各フェーズの作業を進めていきます。

電子文書から洗い出された情報を整理する方法

下記の手順で情報を整理します。

①再利用できそうな情報がある箇所を選択してコメント（注記）機能を立ち上げる（電子文書が作成されたアプリケーションによって機能名が異なる可能性があります）

②コメント（注記）スペース内に、具体的にどんな作業の参考にするのか、あるいはどんな成果物のどの部分に使うのかを記述する（このコメントには、たとえば企画フェーズならP、設計フェーズならDといった具合にあ

とで利用できそうなフェーズを表す記号をつけておくと、実作業時に簡単に検索できます）

実際に技術文書を作成する際には、記号で該当するコメントを検索しながら各フェーズの作業を進めていきます。

参考までに、電子ファイルの一部を再利用する場合の整理コメントのサンプルを、次図に示します（これは、前ページ下部の小見出しブロックを書く際に利用できる文章につけたコメントです）。

図表4.8 Microsoft Wordファイルの文書につける整理コメントのサンプル

下記の手順で情報を整理します。
・再利用できる情報がある箇所を選択してコメント（注記）機能を立ち上げる（電子文書が作成されたアプリケーションによって機能名が異なる可能性があります）
・コメント（注記）スペース内に、具体的にどんな作業の参考にするのか、あるいはどんな成果物のどの部分に使うのかを記述する（このコメントには、たとえば企画フェーズならP、設計フェーズならDといった具合にあとで利用できそうなフェーズを表す記号をつけておくと、実作業時に簡単に検索できます）
実際に技術文書を作成する際には、記号で該当するコメントを検索しながら各フェーズの作業を進めていきます。

コメント［浅岡1］：Section 4－3内の「◣電子文書から洗い出された情報を整理する方法」の中身として再利用。箇条書きの「・」を「①」「②」に変更する。

アプリの開発企画書を作成するために収集した資料の分析・整理の仕方

この項では、アプリの開発企画書を作成する際に参考になりそうな資料とアプリの開発企画書を作成する際に文章や図表を再利用できそうな資料に分けて、情報の分析・整理の仕方を説明します。

アプリの開発企画書を作成する際に参考になりそうな資料からの情報の洗い出しと整理の仕方

下記の手順で、情報の洗い出しと整理を行います。

①アプリの開発企画書の作成プロセスの各フェーズで行う作業を意識しながら、図表4.6「アプリの開発企画書を作成する際に参考になりそうな資料、利用方法、資料の所在の一覧表」に示した各資料から参考になりそうな情報を洗い出す

②洗い出した各情報について、開発企画書を作成するプロセスのどのフェーズのどの作業で参考にするのかを付記（電子文書ではコメント機能を使い、紙文書では付せんを使う）する

アプリの開発企画書を作成する際に文章や図表を再利用できそうな資料からの情報の洗い出しと整理の仕方

下記の手順で、情報の洗い出しと整理を行います。

①アプリの開発企画書の作成プロセスの各フェーズで行う作業を意識しながら、図表4.7「アプリの開発企画書を作成する際に文章や図表を再利用できそうな資料、利用方法、資料の所在の一覧表」に示した資料から再利用できそうな文章や図表を洗い出す

②洗い出した各情報について、開発企画書を作成するプロセスのどのフェーズのどの作業のどの成果物に使うのかを付記（電子文書ではコメント機能を使い、紙文書では付せんを使う）する

実際に技術文書を作成する際には、ここに示した方法を活用して、参考になりそうな情報と再利用できそうな情報（文章や図表）を以降のフェーズの作業にすぐ使える状態に整えておく必要があります。そうしないと、技術文書の中身を執筆する中で何度も何度も手を止めて必要な情報を探さなければなりません。これは、料理を作り始めてから足りない材料が出てくる度にスーパーマーケットに買いに走るようなものです。趣味の料理であればそれでもよいかもしれませんが、企業や組織内での技術文書の作成では作業効率が重視されるため、このような場当たり的な方法は通用しません。

Chapter 5

文書モジュール執筆技法について詳しく知ろう

ここまでのChapterでは、技術文書の作成・技術文章の執筆に関して知っておくべき基本知識をさまざまな角度から解説してきました。

このChapterでは、これまで説明した内容をベースとし、各種の文書の基本単位である「モジュール」の中身を効率的かつ効果的に構成し執筆する技法を紹介します。この「文書モジュール執筆技法」は、ある文書の内容構成を設計して目次を作成したあと、その目次の節や項（文書モジュール）をさらにブレークダウンして各ブロックに入れる情報を判別・特定しながら中身の文章を執筆していくという一連の手順をプロセス化することで品質と作成効率を両立させた文書モジュール執筆技法です。この技法は、企業の研修や大学での講義で「利用価値が高い」との評価を受けている方法なので、ぜひ活用してください。

このChapterを読んで紹介・説明されている技法を習得すれば、PCの前で「さあ、ここに入れる情報をどこからもってきて文章をどう書いたらいいのだろう」と考え込んだり悩んだりすることがほとんどなくなり、ほぼスケジュールどおりに文章執筆を進めることができるようになります。

●文書モジュール執筆技法のメリット・デメリットを知ろう

●文書モジュール執筆技法の具体的内容を知ろう

Section 1 文書モジュール執筆技法のメリット・デメリットを知ろう

「文書モジュール執筆技法」とは、文書を構成する基本単位としてのモジュールの中身を詳細設計して参照／引用する資料を特定し、それに基づいて順次執筆していく技法（テクニック）を意味します。

このSectionでは、この技法のメリットとデメリットについて説明します。

▶ 文書モジュール執筆技法のメリットは？

▶ 文書モジュール執筆技法のデメリットは？

文書モジュール執筆技法のメリットは？

文書モジュール執筆技法には、以下のようなメリットがあります。

読み手がムダな労力を使わずに内容を理解することができる

内容が論理的かつ体系的に構成（設計）されているため、文書の読み手は内容を容易に理解・把握することができます。一方、行き当たりばったりで思いつくままに書き進められた文章のほとんどは、読み手にとって理解しやすいストーリー展開にはなっておらず、何度も前に戻ったりしないと内容が把握できません。

読み手に必要な情報が過不足なく含まれており、有用性が高い

読み手にとって役に立つ（価値のある）情報が収集・選択されて文書に盛り込まれているので、文書としての有用性が担保されます。次のSectionで説明しますが、この技法では、モジュールをブレークダウンしたあとの小ブロックごとに、内容を書くために参考にする資料や文書内や図表内に引用する資料を特定します。その結果、モジュールの中に格納される情報が読み手にとって価値があり過不足のないものになるのです。

品質（読み手に提供できる価値）の高い文書を効率的に作ることができる

これは、文書を作成する側にとって大きなメリットです。このメリットを実感していただくために、わかりやすい比喩をご紹介しましょう。流行っている大規模な中国料理店の厨房では、料理人ごとに調理道具、料理を盛りつける器、調味料が使いやすく配置されていて、料理のオーダーが入るとアシスタントがその料理に必要な食材が入ったいくつものボールを料理人の周りに素早く配置します。そこからが料理人の腕の見せ所で、早い場合は数分で料理が出来上がってしまいます。たまに、そういう店で「料理が出てくるのが早すぎるから、作り置きを出してるんじゃないか？」と疑う人もいますが、たぶんそれは違うと思います。

文書モジュールの執筆技法もこの例と同じで、下準備をどこまで緻密かつ念入りにしておくかで、品質（読み手に提供できる価値）と出来上がるまでにかかる時間（期間）に大きな差が出るのです。最近はあまり聞かなくなりましたが、「段取り八分」という格言がここまでの説明の要点を見事に言い表しています。

文書モジュール執筆技法のデメリットは？

前述の説明を読んでいると、この技法にはデメリットがなさそうに思えるかもしれませんが、次に示すようなデメリットがあります。

下準備に手間がかかるため、せっかちな人には向かない

大学生の多くは、卒論を書く際にパソコンの前に座って表題を書いてから、本文に何を書こうか考え始めると言われています。「そんな愚かな輩がいるのか？」と思われる方もいるでしょうが、現実は「面倒くさい下準備なんかせずに手っ取り早く書きたい」という人が少なくないのです。そういう人たちに、「確実に品質が上がり、文書の作成にかかる全体時間も短くなる」ことを理解・納得させるのは、容易なことではありません。毎年８月31日になって「宿題が全然出来ていない」と泣きごとを言う小学生に、「夏休みの初めから計画的に宿題をこなしたほうがずっと楽だよ」と何度説得しても徒労に終わるのと同じでしょう。

そういう人たちには、Chapter 2の技術文書の作成手順に示したように、既存の出来のよい文書を上書きする形で再利用する方法をおすすめします。ただし、その方法に頼りすぎると、一から新しいものを創り出す創造性やオリジナリティが育まれないでしょうが。

モジュール化することで、含まれる情報量が通常よりも多くなる

単体のモジュールであっても大きな文書を構成するモジュールであっても、そのモジュールを読むだけで完結するようにするには、他の文書や資料への「go to」(外部参照)を極力なくす必要があります。それには、内容を理解してもらうために不可欠な情報、説明内容を補完するための情報、キーワードの説明、具体例などを盛り込まなければなりません。その結果、モジュールに含まれる情報量がモジュール化されていない場合よりも多くなります。かなり前の調査ですが、モジュール化されていない説明単位と比べ、モジュール化されている説明単位では、文字量などのボリュームが20〜30 %増えるとのことです。ただ、印刷物に仕上げるのが当たり前の時代は「ボリューム＝コスト」でしたが、電子文書化が進んでいる現在では大きなデメリットとは言えなくなってきています。

Section 2

文書モジュール執筆技法の具体的内容を知ろう

本書が提唱する文書モジュール執筆技法は、前のSectionで述べたとおり、デメリットがないわけではありませんが、それをはるかに上回るメリットがあります。

このSectionでは、文書モジュールの執筆技法の基本手順を示し、その手順に基づいた適用事例を紹介します。

▶ **文書モジュールを効果的に執筆する基本手順を知ろう**

▶ **文書モジュール執筆技法の活用事例を見てみよう**

文書モジュールを効果的に執筆する基本手順を知ろう

この技法（テクニック）を文書モジュールの作成に活用するには、下記の手順に従い、構成を決め、必要な資料を収集し、資料を適宜利用して中身を執筆していく必要があります。

①文書の目次構成案からモジュールのタイトルを新しいMicrosoft Wordファイルにコピーする
②リード文（このモジュールの要点）を書く
③ページ数を意識しながら小見出し（1ページに1～2個くらい）を立てる
④各小見出しブロックに入れるべき情報（図表も含む）＋参考になる資料・再利用できる資料を箇条書きで示す
⑤各小見出しブロックの中身を書く
⑥箇条書き部分を消去する
⑦小見出し、リード文、モジュールタイトルを適宜修正する

この手順を眺めただけでは、どういう技法なのか、実際にどのように利用すればよいのかよく理解できないでしょうから、次の項で具体的な適用事例を紹

介します。

文書モジュール執筆技法の活用事例を見てみよう

上記の技法を実際のモジュール（「AIシステムの開発に使われるプログラミング言語」というタイトルのモジュール）の執筆に活用した事例を、以下に示します。

① 文書の目次構成案からモジュールのタイトルを新しいMicrosoft Wordファイルにコピーする

> ２－６　AIシステムの開発に使われるプログラミング言語

② リード（このモジュールの要点）文を書く

> ２－６　AIシステムの開発に使われるプログラミング言語
>
> AIシステムの開発には、Python、R、Julia、C++などのプログラミング言語がよく使われます。この節では、次の２つの視点から、プログラミング言語について説明します。

③ ページ数を意識しながら小見出し（１ページに１～２個くらい）を立てる

> ２－６　AIシステムの開発に使われるプログラミング言語
>
> AIシステムの開発には、Python、R、Julia、C++などのプログラミング言語がよく使われます。この節では、次の２つの視点から、プログラミング言語について説明します。
>
> ◇AIシステムの開発に用いられる主要なプログラミング言語の特徴
>
> ◇Pythonを使ったプログラムコードの例

④ 各小見出しブロックに入れるべき情報（図表も含む）＋参考・引用資料を箇条書きで示す

2－6　AIシステムの開発に使われるプログラミング言語

AIシステムの開発には、Python、R、Julia、C++などのプログラミング言語がよく使われます。この節では、次の２つの視点から、プログラミング言語について説明します。

◇AIシステムの開発に用いられる主要なプログラミング言語の特徴

・主要なプログラミング言語の紹介　⇒資料Aのp29～30を参考に

・Pythonの特徴　⇒資料Cのp12～15を参考に

・Rの特徴　⇒資料Fのp97～99を参考に

・Juliaの特徴　⇒資料Dのp18～20を参考に

◇Pythonを使ったプログラムコードの例

・ここで示すコード例に関する説明　⇒資料Bのp125～135を参考に

・図表：Pythonを使った掛け算用のコードの例
　⇒資料Bのp125～135を参考に

・図表：掛け算の実行結果　⇒資料Bのp125～135を参考に

⑤ 各小見出しブロックの中身を書く

2－6　AIシステムの開発に使われるプログラミング言語

AIシステムの開発には、Python、R、Julia、C++などのプログラミング言語がよく使われます。この節では、次の２つの視点から、プログラミング言語について説明します。

◇AIシステムの開発に用いられる主要なプログラミング言語の特徴

・主要なプログラミング言語の紹介　⇒資料Aのp29～30を参考に

AIシステムの開発になぜPythonやRなどの言語がよく使われるのでしょうか？ 最大の理由は、プログラミングに利用できるライブラリが数多く提供されていることにあります（ライブラリについては次の節で詳しく説明します)。利用できるライブラリがもっとも多いのがPythonです。

以下に、AIシステムの開発によく使われるPython、R、Juliaの特徴を示します。3つのプログラミング言語の特徴を覚えるというより、AIシステムの開発に使われる主要な言語の名前を覚えることが目的と考えてください。

・Pythonの特徴　⇒資料Cのp12～15を参考に

○Pythonの特徴

AIシステムの開発にもっともよく使われている言語です。文法がシンプルであるため、入門者にとってコーディングしやすく意味がわかりやすいというメリットがあります。システム開発やアプリケーション開発への汎用性が高く、データ分析やモデルの構築を容易に行えることもメリットです。このほか、数値計算、画像処理、音声処理、動画処理、自然言語処理、データベースといった数多くのライブラリが提供されているため、プログラムを容易に作成できることも大きなメリットと言えます。一方、JuliaやC++などに比べて実行速度が遅い点がデメリットと言えるでしょう。

・Rの特徴　⇒資料Fのp97～99を参考に

○Rの特徴

データ分析（統計解析）に特化したプログラミング言語です。Rはプログラミングの初級者には向いていませんが、統計系のライブラリが豊富にあること、データのグラフ化や図解化の機能が多いことなどがメリットです。計算や分析結果を可視化できるため、分析結果を踏まえて試行錯誤を繰り返しながら最適化を図る探索的なデータ分析に適しています。高速な処理が苦手な点や統計学の基礎的な知識が必要な点がデメリットと言えます。

・Juliaの特徴　⇒資料Dのp18～20を参考に

○Juliaの特徴

2012年にオープンソースが公開されたまだ新しいプログラミング言語です。科学技術計算、統計、機械学習などの分野で力を発揮します。Juliaの最大のメリットは、PythonやRなどと比べて実行速度が速いことです。オープンソースが公開されてからそれほど経っていないために提供されているライブラリが多くないことがデメリットと言えます。

◇Pythonを使ったプログラムコードの例

・ここで示すコード例に関する説明

プログラムコードをあまり見たことがない方のために、Pythonを使ったプログラムコードの例を示しておきます。プログラミングを学ぶことが目的ではないので、ごく簡単な掛け算のプログラムコードを示します。「なるほど」という程度で見ておいてください。なお、多くのプログラミング言語では掛け算の「×」を「*」で表し、「print」は「表示せよ」という命令を意味します。

・図表：Pythonを使った掛け算用のプログラムコードの例

図表2－7　Pythonを使った掛け算の例

```
print（"# 6 × 9の計算結果を表示"）
print（6 * 9）

print（"# 35 × 108の計算結果を表示"）
print（35 * 108）
```

※ #は人間が見てわかるようにするためのコメント部分であり、"　"で囲まれた部分は文字情報を表します。

・図表：掛け算の実行結果

図表2－8　掛け算の実行結果

```
# 6 × 9の計算結果を表示
54
# 35 × 108の計算結果を表示
3780
```

⑥ 箇条書き部分を消去する

2－6　AIシステムの開発に使われるプログラミング言語

AIシステムの開発には、Python、R、Julia、C++などのプログラミング言語がよく使われます。この節では、次の2つの視点から、プログラミング言語について説明します。

◇AIシステムの開発に用いられる主要なプログラミング言語の特徴

AIシステムの開発になぜPythonやRなどの言語がよく使われるのでしょうか？　最大の理由は、プログラミングに利用できるライブラリが数多く提供されていることにあります（ライブラリについては次の節で詳しく説明します）。利用できるライブラリがもっとも多いのがPythonです。

以下に、AIシステムの開発によく使われるPython、R、Juliaの特徴を示します。3つのプログラミング言語の特徴を覚えるというより、AIシステムの開発に使われる主要な言語の名前を覚えることが目的と考えてください。

○Pythonの特徴

AIシステムの開発にもっともよく使われている言語です。文法がシンプルであるため、入門者にとってコーディングしやすく意味がわかりやすいというメリットがあります。システム開発やアプリケーション開発への汎用性が高く、データ分析やモデルの構築を容易に行えることもメリットです。このほか、数値計算、画像処理、音声処理、動画処理、自然言語処理、データベースといった数多くのライブラリが提供されているため、プログラムを容易に作成できることも大きなメリットと言えます。一方、JuliaやC++などに比べて実行速度が遅い点がデメリットと言えるでしょう。

○Rの特徴

データ分析（統計解析）に特化したプログラミング言語です。Rはプログラミングの初級者には向いていませんが、統計系のライブラリが豊富にあること、データのグラフ化や図解化の機能が多いことなどがメリットです。計算や分析結果を可視化できるため、分析結果を踏まえて試行錯誤を繰り返しながら最適化を図る探索的なデータ分析に適しています。高速な処理が苦手な点や統計学の基礎的な知識が必要な点がデメリットと言えます。

○Juliaの特徴

2012年にオープンソースが公開されたまだ新しいプログラミング言語です。科学技術計算、統計、機械学習などの分野で力を発揮します。Juliaの最大のメリットは、PythonやRなどと比べて実行速度が速いことです。オープンソースが公開されてからそれほど経っていないために提供されているライブラリが多くないことがデメリットと言えます。

◇Pythonを使ったプログラムコードの例

プログラムコードをあまり見たことがない方のために、Pythonを使ったプログラムコードの例を示しておきます。プログラミングを学ぶことが目的ではないので、ごく簡単な掛け算のプログラムコードを示します。「なるほど」という程度で見ておいてください。なお、多くのプログラミング言語では掛け算の「×」を「*」で表し、「print」は「表示せよ」という命令を意味します。

図表2－7　Pythonを使った掛け算の例

```
print（“19 × 3の計算結果を表示”）
print（19 * 3）

print（“ 983 × 1.295の計算結果を表示”）
print（983 *1.295）
```

※”　”で囲まれた部分は文字情報を表します。

図表2－8　掛け算の実行結果

```
19 × 3の計算結果を表示
59
983 × 1.295の計算結果を表示
1272.985
```

⑦ 小見出し、リード文、モジュールタイトルを適宜修正する

このケースでは、見直し後の修正がなかったので、そのまま完成原稿になりました。

ここまでの説明から、本書が提唱する「文書モジュール執筆技法」のメリット（利用価値）と活用方法を理解していただけたと思います。この技法を活用して、文書作成・文章執筆の質と効率を高めてください。

Chapter 6

わかりやすい技術文章を書くための基本スキルを知ろう

Chapter５までで、技術文章を主な構成要素とする技術文書を作成するための理論的かつ実践的なアプローチについてさまざまな角度から説明してきました。

このChapterでは、用語や文章表現に関する基本的なルール・スキルを紹介します。以下に示すルールやスキルは、数多（あまた）ある文章表現関係の手引き書に示されているものの中から各種のルールを抽出し、文章執筆・編集・校閲の経験を踏まえてより実践的にアレンジし再構築したものです。

このChapterを読むことで、技術文章を書く際の基盤となる知識・スキルを習得して文章執筆に活用できるようになります。

- **意味がわかりにくい／あいまいな言葉（用語）の明確化**
- **専門用語の統一**
- **数量や時の境界の明確化**
- **適切な専門用語の使用**
- **略語の限定的な使用**
- **文章の種類や読者に適する妥当な語調の選択**
- **漢字とひらがなの使い分け**
- **差別的な語句の排除**

Section 1 意味がわかりにくい／あいまいな言葉(用語)の明確化

専門書や専門雑誌の記事を読んでいると、「この言葉はどういう意味だろう？」とか「この言葉、さっきと使い方が変わっているのでは？」と感じることが少なくありません。このような問題を生じさせないためには、わかりにくい言葉やあいまいな言葉を使わないのが一番です。ただ、どうしても使う必要がある場合は、言葉の定義（意味）をはっきりさせておく必要があります。

このSectionでは、以下のトピックを通じて、言葉の使い方によって文章の価値が損なわれないようにするスキルについて説明します。

- **意味のわかりにくい言葉（用語）は初出時に説明をつける**
- **１つの文書内では１つの言葉（用語）を複数の意味で使わない**
- **程度を表す言葉の意味を明確化する**

意味のわかりにくい言葉（用語）は初出時に説明をつける

たとえばMicrosoft Excelを使ったデータ収集に関して説明する文章の中に説明なしで「ピボットテーブル」という言葉が出てきたら、読み手はどう感じるでしょうか？ その言葉の意味を知っている読者はいいでしょうが、はじめて出合った読者はその言葉が使われている文章の意味がよく理解できないはずです。中には、その場でスマホなどを用いて言葉の意味を調べてその文章を読み直す人もいるでしょうが、多くの人はなんとなく先に進んでしまうでしょう。その結果、その文章を通じて読み手に提供できるはずだった価値が損なわれることになります。

次の例文を見てください。

〈意味のわかりにくい専門用語が説明なしで使われている例文〉

ピボットテーブルをうまく活用すると、さまざまな視点からデータを集計して数値を分析することで、収集された大量のデータに隠れている特徴やパターンを見つけ出すことができます。

〈簡単な説明（下線部）を追加した例文〉

データの集計・計算・分析用のツールであるピボットテーブルをうまく活用すると、さまざまな視点からデータを集計して数値を分析することで、収集された大量のデータに隠れている特徴やパターンを見つけ出すことができます。

この項の見出しに「初出時に」とありますが、ボリュームの大きい（複数のモジュールから成り立っている）文書の場合は、節や項といったモジュールごとの初出時に簡単な説明を入れたほうが読み手にとって親切だと考えられます。

改善前の例文では専門用語を例示しましたが、一般用語でも読み手にあまり馴染みのない言葉を使う場合は説明を付加したほうがよいでしょう。

次の例文を見てください。

〈意味のわかりにくい一般用語が説明なしで使われている例文〉

本当にリスキリングが必要な人材に自発的に学習させるには、ある程度の危機感をもたせることが必要である。

〈簡単な説明（下線部）を追加した例文〉

本当にリスキリングが必要な人材に自発的に学習させるには、ある程度の危機感をもたせることが必要である。ここで言うリスキリング（学び直し）とは、状況変化に対応するため自身のスキルを更新することを意味する。

改善前の例文はある省の委員会でまとめられた資料から引用したものです。「リスキリング」というトレンドワードが説明なく安易に使われることで、読み手の理解を阻害している事例と言えます。英語の「reskilling」を知っている人であれば、「スキルを身につけ直す」といった意味だと推察できるでしょうが、「リスキ、リスケ、リスク？？」と頭をひねる人も少なくないはずです。これに対して、改善後の文章の場合は、ほぼ全員が「なるほど」と納得して先に進めるでしょう。

１つの文書内では１つの言葉（用語）を複数の意味で使わない

たとえば「コンテキスト」という言葉は人によって使い方がさまざまで、読み手泣かせの代表選手です。英語の「context」には「背景」「文脈」「状況」などの意味がありますが、英語（米語）の例文を見ていると「関連性のあるもの」といった使い方もされるようです。

ここで問題にしているのは、１つの文書（文章）の中で「コンテキスト」という言葉を何回も使っていて、場所によって意味を変えているケースです。ただでさえ意味がわかりづらい言葉を断りなしに違う意味で使われたら、読み手の多くが混乱してしまいます。

次の例文を見てください。

〈意味が複数ある言葉が場所によって異なる意味で使われている例文〉

テキスト（文章）翻訳用のAIプログラムの精度を高めるには、１つの文を訳したあとに前後の文とのコンテキストを解析して訳文を修正する効率的かつ効果的なサイクルを組み込む必要がある。

〈中略〉

また、翻訳の過程で収集されたコンテキストを訳語や表現の選択に活用する仕組みをどう作るかも重要である。

〈簡単な説明（下線部）を追加した例文〉

テキスト（文章）翻訳用のAIプログラムの精度を高めるには、１つの文を訳したあとに前後の文との文脈（関連性）を解析して訳文を修正する効率的かつ効果的なサイクルを組み込む必要がある。

〈中略〉

また、翻訳の過程で収集されなんらかの特徴で関連づけられたデータを訳語や表現の生成に活用する仕組みをどう作るかも重要である。

改善前の例文のようなケースでは、言葉をそのままにして補足説明を付加するよりも、表現自体を変えるほうがよいと考えられます。

このような問題が生じないようにするには、文章を書く際に意味があいまいな言葉や複数の意味のある言葉をできる限り使わないほうがよいでしょう。どうしても使いたい場合は、「この文章ではこういう意味に限定して用いる」と明確に定義し、読者にも伝える必要があります。

程度を表す言葉の意味を明確化する

上の２項目とは少し種類が異なりますが、程度を表す言葉についても定義があいまいになっている例が多く見られます。たとえば、「背が高い人」と言ったときに、何センチ以上の人を背が高いと感じるかは人それぞれです。日常生活で問題になることはそれほど多くありませんが、技術文章では性能の比較などにおいて基準をあいまいにしていると結論が不明確になる恐れがあります。

程度を表す言葉については、以下に示す例のように、基準を明示する形で使うようにしましょう。

〈程度を表す言葉が基準なしで使われている例文〉

データの並べ替えを行うプログラムを改良し、非常に高速な処理を実現した。

〈程度の基準を追加する形で修正した例文〉

データの並べ替えを行うプログラムを改良し、2022年４月にリリースされたプログラムの約10倍の処理速度を実現した。

Section 2 専門用語の統一

技術文章の中に、同じ意味であるにもかかわらず表現が異なる専門用語（たとえば「オペレーション」と「操作」）が出てくると、読者が混乱して内容の理解が阻害されます。

このSectionでは、専門用語の統一について知っておく必要がある下記のトピックについて説明します。

▶ **もっともわかりやすい用語への統一**

▶ **不統一な専門用語の例**

▶ **原語の適切な訳し分け**

もっともわかりやすい用語への統一

各専門分野には、同じ意味を表す専門用語が何通りも存在するケースが数多くあります。近年になって、IT機器の家庭への普及などによって専門知識がそれほどない人たちも技術文書（説明書や操作手順書など）を読むようになってきたため、不統一な専門用語によって技術文章の理解が阻害されるケースが増えてきています。これに対して、業界団体や企業の中で、何通りもある専門用語を統一しようという動きが出始めています。

専門用語の統一を図る場合に大切なのは、現在どれが一番よく使われているかにこだわらず、読者にとってもっともわかりやすい語に統一することです。

不統一な専門用語の例

次に示す例を見てください。

〈専門用語が統一されていない例文〉

マニュアルを見ずにオペレーションを開始すると、操作のやり直しを

operationナビゲーターに何度も指示されることになります。

この例文は、便宜上、1つのモジュール（節）内にあった不統一な専門用語を1つの文に集めたものです。この文には、同じ意味を表す3通りの専門用語が使われています。もちろん、原語のoperationをそのまま使うのは論外です。残りの2つのうちでは、「操作」のほうが意味がわかりやすいでしょう。

〈専門用語が統一されている例文〉

マニュアルを見ずに操作を開始すると、操作のやり直しを操作ナビゲーターに何度も指示されることになります。

原語の適切な訳し分け

用語を統一することは大切ですが、次に示す例文のように、原語（多くの場合は英語）が同じでも実際に異なる意味で使われている専門用語もあります。このような語の訳語を外来語（カタカナ語）に統一してしまうのは避けるべきです。その場合は、文章を読んだ人が外来語の意味を文脈に応じて自分で解釈しなくてはならないからです。

次に示す例を見てください。

〈言語が適切に訳し分けられていない例文〉

演算ユニットでバッチ処理された結果が、1ユニットずつレポートに出力されます。

この例文の「演算ユニット」の「ユニット」と「1ユニット」の「ユニット」は原語が同じunitですが、前の「ユニット」を「装置」にし、あとの「ユニット」を「単位」にしないと、読者に両者の意味の違いが伝わらない恐れがあります。

〈言語が適切に訳し分けられている例文〉

演算装置でバッチ処理された結果が、1単位ずつレポートに出力されます。

Section 3　数量や時の境界の明確化

数量や時を表す数値が、技術文章においては重要な意味をもちます。したがって、数量や時の境界については、読む人によって解釈が異なることのないよう明確に表現する必要があります。

このSectionでは、これを踏まえて下記のトピックについて説明します。

▶ **数量の境界を表現する場合の注意点**

▶ **時の境界を表現する場合の注意点**

数量の境界を表現する場合の注意点

技術文章で数量を表現する場合は、「境界を含むか否か」について誤解が生じないように注意する必要があります。

次の２つの例文を見てください。

〈例文①〉

パスワードの入力は３回までに制限されています。３回以上入力しようとすると、警告メッセージが出されます。

〈例文②〉

電力消費量を前年同月比90 %以内に抑えるよう通達が出されています。削減率が10 %以内の事業所には、ペナルティが課されます。

例文①の「３回以上」という表現は、前にある「３回まで」と明らかに矛盾しています。たとえば、「山村さん以上の能力がある人は少ない」といった表現では「以上」は「～を超える」の意味ですが、数量表現に使われる「以上」は「～またはそれを超える」という意味であり、境界を含みます。また、例文②の「90 %以内」と「10 %以内」との間にも矛盾があります。「以内」は境界を含む表現なので、どちらかの数値が間違っていることになります。

次に示すのは、例文①と例文②の改善例です（例文①は「3回までに」が正しいという前提で直し、例文②は「90 %以内」が正しいという前提で直してあります）。

〈例文①の改善例〉

パスワードの入力は3回までに制限されています。4回以上入力しようとすると、警告メッセージが出されます。

〈例文②の改善例〉

電力消費量を前年同月比90 %以内に抑えるよう通達が出されています。削減率が10 %に満たない事業所には、ペナルティが課されます。

このほか、境界を含まない言い方に「未満」がありますが、これには対置する語がありません。ですから、たとえば「身長が135センチメートル未満」の逆の意味を表すには、「身長が135センチメートルを超える」または「身長が135センチメートルよりも高い」のように表現しなければなりません。

「未満」の対置語がないために、「200キログラムを超えてはいけない」という意味を表すのに「201キログラム以上にしてはいけない」と書いてしまう人がいますが、これでは、たとえば200.9キログラムはよいということになってしまいます。これは、整数しか念頭にない場合に起こるミスです。

☆技術文章に「1つ以上の」という表現が使われていることがあります。この表現は論理的には間違っていませんが、日本語には「1つ」と「複数」を区別するという習慣があるので、「1つまたは複数の」か「1つまたは2つ以上の」という表現に直したほうがよいと考えられます。

時の境界を表現する場合の注意点

数量の場合と同様に、時についても「境界を含むか否か」について誤解が生じないように注意する必要があります。

次の2つの例文を見てください。

〈例文①〉

基本情報が変更できるのは11月25日までです。25日以後に変更することはできません。

〈例文②〉

19：30以前に登録を済ませてください。19：30になると登録処理が打ち切られます。

例文①の「25日まで」と「25日以後」は矛盾しており、例文②の「19：30以前」と「19：30になると」も矛盾しています。それは、「以後」も「以前」も境界を含む表現だからです。次に示すのは、例文①と例文②の改善例です（例文①は「25日まで」が正しいという前提で直し、例文②は「19：30になると」が正しいという前提で直してあります）。

〈例文①の改善例〉

基本情報が変更できるのは11月25日までです。25日を過ぎると変更することはできません。

〈例文②の改善例〉

19：30よりも前に登録を済ませてください。19：30になると登録処理が打ち切られます。

このほか、「以降」も境界を含みますが、境界を含まないと思って使っている人も多いので、技術文章ではこの語は使わないほうがよいと考えられます。

Section 4 適切な専門用語の使用

技術文章に難解な専門用語が多く使われていると、読者は内容がよく理解できなくなります。技術文章で使う専門用語は、ほとんどの読者が理解できる語に限定すべきです。

このSectionでは、専門用語の適切な使用について知っておく必要がある下記のトピックについて説明します。

- **わかりにくい専門用語はできる限り使わない**
- **不適切な専門用語は手直しする**

わかりにくい専門用語はできる限り使わない

たとえば、IT分野の専門知識がそれほどない人が「輻輳」という専門用語にはじめて出合ったら、たぶん意味がわからないでしょう。その場合は、IT用語辞典を引かなければならず、もしも、読み方がわからない場合はまず漢和辞典から調べなくてはなりません。この言葉が「輻輳」ではなく「通信の集中・混雑」であったらどうでしょう。はじめて出合った人にも、おおよその意味がわかるはずです。

見ただけでは意味がわからないこの類(たぐい)の専門用語については、見て意味がわかる言葉に直す努力をすべきです。ただし、むずかしい専門用語は必ずわかりやすい語にしなければならないというわけではありません。上級者用の技術文書では、読者のほとんどがよく知っている「輻輳」という用語に振りがな「ふくそう」をつけて使うのがよいと考えられます。

不適切な専門用語は手直しする

現在使われている専門用語のほとんどは、米国や西欧の技術文献を日本語に翻訳したときに生まれたものです。そして、それらの翻訳は、ほとんど学者やエンジニアが行ったものです。学者やエンジニアは、その分野の専門家であっても外国語や日本語（そして翻訳）の専門家ではありません。つまり、その人たちが作った専門用語（訳語）のすべてが適切だという保証はないのです。

たとえば、redundancy check には一般的に「冗長検査」という訳語が当てられていますが、実際の意味は「余分に付加した情報を利用して情報が正しく伝送されたかどうか検査すること」です。しかし、はじめて「冗長検査」という言葉を目にした人は、「データが冗長（必要以上に長い）かどうかの検査」と勘違いしてしまう恐れがあります。もしも、「冗長検査」の代わりに「付加情報によるチェック」という言葉が使われていたら、意味を誤解する人は確実に減るでしょう。

もう一つの例を示しましょう。sortには一般的に「分類する」という訳語が当てられていますが、実際の意味は「並べ替え」がほとんどであり、「分類する」という意味で使われることはあまりありません。この語については意味の不適切さを指摘する声が多く、最近では、「並べ替え」もよく使われるようになってきています。このような例が、ほかにも数多くあります。なお、「並びを替える」という意味で「並び替え」という語を使う人がいますが、「並べ替える」を名詞化した「並べ替え」のほうが一般的です。

技術文章では、情報を的確に読者に伝達する必要があるので、既存の専門用語をチェックして、不適切なものについてはどんどん手直しをしていく必要があります。

Section 5 略語の限定的な使用

技術文章の中に略語を多く使うと、読者に「わからない略語の正式名称を調べる」手間をかけさせることになります。これは、読者にとって大きな負担となります。したがって、技術文章での略語の使用は必要最小限に留めるべきです。

このSectionでは、これを踏まえて下記のトピックについて説明します。

- ▶ **略語を使用することのメリットとデメリット**
- ▶ **略語のデメリットを最小限にする方法**
- ▶ **略語の使用に関する注意点**

略語を使用することのメリットとデメリット

略語を使用することで、次に示すようなメリットが得られます。

・文章の文字数が減る
・文章の冗長性（だらだら長い感じがすること）が減る
・書くときの手間が減る

しかし、たとえばICS やPCS といった認知度の低い略語が出てきた場合には、読者は自分でその略語の正式名称や意味を調べたり正式名称や意味が記されている文書中の別の場所を参照したりするために、大きなエネルギーを使うことになります。その結果、文章の内容を読みとるほうが疎かになってしまいます。これは、メリットを上回る大きなデメリットとなる可能性があります。ちなみに、ICSはInformation Communication Service（情報コミュニケーションサービス）の略語であり、PCSはProduction Control System（生産管理システム）の略語です。なお、最近よく目にするようになったDX はDigital Transformation（デジタル化による社会変容）の略語です（Digital Transformation

をDXと略すのは、英語圏ではTrans をXと略すのが一般的だからです)。

略語のデメリットを最小限にする方法

略語を使用する場合には、デメリットをできる限り減らす配慮をしなければなりません。デメリットを最小限にするには、次に示すような略語を使わないようにすべきです。

- 文書全体の中で使用回数が少なくて、文字数減などの効果がほとんど期待できないもの
- 日本語の正式名称が短くて、文字数減などの効果がほとんど期待できないもの
- 同じ略語が別に存在していて区別できなくなる恐れがあるもの

このほか、使用回数は多くても、読者にほとんどなじみがないものも使わないほうがよいと考えられます。

略語の使用に関する注意点

略語を使う必要がある場合には、できる限り読者に負担をかけないように、次に示すような配慮をしましょう。

- 一般的には「章」(部分参照するような文書の場合は「節」や「項」)の初出の箇所に正式名称を示す
- 略語を略語一覧や用語集などに記載し、各々について正式な英語の綴りと日本語の正式名称を(用語集の場合は意味も)示しておく

Section 6　文章の種類や読者に適する妥当な語調の選択

文章の語調（文体）には、「〜だ調」、「〜である調」、「〜です／ます調」、「〜でございます調」などがあるので、どういう場合にどれを使うかの基準を明確にしておく必要があります。

このSectionでは、技術文章における語調の選択に関する下記のトピックについて説明します。

▶**「〜です／ます調」か「〜である調」を選ぶ**

▶**技術文章に適さない語調とは**

「〜です／ます調」か「〜である調」を選ぶ

技術文章では、「〜です／ます調」か「〜である調」のどちらかを使うのがよいと考えられます。技術文章にこの２つのどちらを適用するかについては、以前は、客観的な印象があるので「〜である調」がよいという考え方が主流でした。しかし、近年になって、論文や仕様書といった特殊な文書以外では「〜です／ます調」にしたほうが文章がやわらかくなってコミュニケーションが円滑になるという考え方が一般的になってきました。

次に示すのは、技術文章において可能な語調の使い方のパターンです。

- すべての文章を「〜です／ます調」にする
- 本文を「〜です／ます調」にし、箇条書きや図表内の文章を「〜である調」にする
- すべての文章を「〜である調」にする

以前は、社内向けの文書は３番目のパターンにし、社外向け（特に顧客向け）の文書は１番目または２番目のパターンにするケースが多く見られました。しかし、最近では、社内向けも社外向けも関係なく、読者とのコミュニケーショ

ンを大切にするという意味で、1番目または2番目のパターンにするケースが増えてきています。1番目または2番目のパターンのどちらがよいとは一概に言えませんが、2番目のパターンのほうがメリハリがあって読みやすいと考えられます。

本書でも、2番目のパターンを採用しています。

技術文章に適さない語調とは

啓蒙的な文書や指導書などでは、「〜だ調」が使われる場合もあります。また、会社の株主や大切な得意先向けのあいさつ状や報告書では、「〜でございます調」が使われることもあります。しかし、「〜だ調」は横柄な感じがし、「〜でございます調」は媚(こ)びた感じがするので、技術文章では両方とも使わないほうがよいと考えられます。

ただし、顧客向けの提案書や企画書などでは、最初と最後の儀礼的なあいさつの文章にだけ「〜でございます調」を使うというケースもあります。それは、その種の文書が技術文書とビジネス文書（プレゼン資料）の両方の性格をあわせもっているからです。

Section 7 漢字とひらがなの使い分け

私たちが日常使う言葉の中には、読み方が同じであっても状況に応じて漢字とひらがなを使い分けるほうがよいものがあります。

このSectionでは、漢字とひらがなを適切に使い分けるために知っておくべき下記のトピックについて説明します。ただし、ここに示すのは内閣告示などの公的な指針ではないので、組織や個人でルールを決める場合の参考にしてください。

▶ **漢字とひらがなを使い分ける方法**
▶ **漢字とひらがなの使い分けの例**

漢字とひらがなを使い分ける方法

たとえば、「したがう（動詞）」と「したがって（接続詞）」では、言葉の意味が若干異なります。このようなものを両者とも漢字またはひらがな（「従う」と「従って」、または「したがう」と「したがって」）にすると、読者にとって意味の違いがとりにくくなるので、「従う（動詞）」と「したがって（接続詞）」のように漢字とひらがなを使い分けるほうがよいと考えられます。

同じ文の中に両方出てくる場合だけ使い分けるという方法をすすめる人もいますが、状況に関係なく使い分けるほうが合理的です。

漢字とひらがなの使い分けの例

使用頻度が高い言葉の中で、漢字とひらがなを使い分けたほうがよいと考えられるものを、次の図表にまとめておきます。これは近年の新聞、雑誌、公用文、技術文書などの用例を踏まえたものですが、あくまでも目安と考えてください。内容を吟味し、必要があれば変更や追加をして、ご自分の仕事の環境に最適のルールを作成してください。

図表6.1　漢字とひらがなの使い分けの例

漢字にしたほうがよいもの	ひらがなにしたほうがよいもの
方法	～のほうが
分ける	わかる
～に従って（動詞）	したがって（接続詞）
（影響などを）及ぼす（動詞）	および（接続詞）
～を並べる（動詞）	ならびに（接続詞）
３通りの方法（手順などの）	～のとおりに
時が流れる	～のときは
何か事が起こったら	そんなことはない
物を落とす	～のものもある
指定された所	さっき着いたところです
「～」と言いました	～ということです
～に行きます	～が変化していく（※）
～を見なさい	やってみる（※）
ここへ来る	悪くなってくる（※）
物を置く	買っておく（※）
できない訳	わけなく

※本動詞のあとに来る「いく」、「みる」、「くる」、「おく」などの補助動詞は、ひらがなにするのが一般的です。なお、「および」「または」「ならびに」「あるいは」などの接続詞は公文書では漢字にするケースが多いようですが、一般社会の多くの文書ではひらがなで表記することが多いため、ここではひらがな表記を推奨しています。

Section 8 差別的な語句の排除

差別的な語句の使用については、「社会的非難を受ける恐れがある」といったデメリットを考える前に、人間の基本的人格に関わる問題と考えるべきです。技術文書は社会の情報コミュニケーションを支えるという重要な役割を担っているので、「差別用語」はもちろん「差別感のある用語」も使用すべきではありません。

このSectionでは、差別的な語句を使わないようにするために知っておくべき下記のトピックについて説明します。

▶ **差別用語を使わない**

▶ **差別感のある語句も使わない**

差別用語を使わない

第2次世界大戦以降、人種差別、民族差別、職業差別、地域差別、部落差別、女性差別などに対する批判が国の内外で高まりを見せ、マスコミ（新聞、雑誌、テレビ、ラジオなど）各社は、「差別用語を使わない」というルールを自主的に設けて、紙面や番組作りに適用しています（最近では、テレビやラジオのバラエティ番組でこのルールが守られないケースが急増し、問題視する声も出始めています）。企業の技術文書も、公的な性格をもつコミュニケーションメディアであることに変わりはないため、このルールに従うべきです。

近年は、人種、宗教、性別、価値観、ライフスタイル、障害の有無などにおける多様性を意味する「ダイバーシティ（diversity）」という言葉が広く使われるようになり、マジョリティ（多数派）によるマイノリティ（少数派）に対する差別・抑圧をなくそうという動きが加速しています。Chapter 0で述べたとおり、文書は非揮発性の情報メディアなので、差別用語を使わないよう特に注意してください。

差別用語とは、個人の身体的な特徴、精神的な特徴、環境的な特徴などを負の価値観を込めて表現する語句や、特定の人種や民族を卑(いや)しめる語句のことです。そのような言葉は、たとえば「視力のない人」や「聴力のない人」のように、客観性があり差別感のない言葉に置き換える必要があります。「実例をあげることが差別用語の使用につながる」と強く主張する人たちもいるため、ここでは具体的な差別用語は示しません。

差別感のある語句も使わない

「差別用語」だけでなく、「しろうと」、「平社員」、「会社の女の子」、「女こども」、「かけだし」、「窓際」、「印刷屋」、「デザイン屋」、「広告屋」のように、地位、性別、経験、職業などに関する差別的価値観を含んでいる語句も、使うべきではありません。差別感のある語句であるかどうかの判断基準は、「言われた相手が不快に感じるかどうか」です。なお、ここに示した「〜屋」は、自分の仕事（職種）を謙遜して使う言葉であり、相手に対して使うのは失礼です。「印刷屋」、「デザイン屋」、「広告屋」は、それぞれ「印刷会社」、「デザイン会社」、「広告会社」に直すべきです。

このほか、ニュースでよく使われている「〜さんの娘が」とか「〜さんの孫が」といった表現も、不適切というか相手側に失礼です。「〜屋」と同様に、「娘」「息子」「孫」などは身内を謙遜して使う表現だからです。親しくない人から「あなたの娘が〜」と言われたらどう感じるでしょうか？ また、店主や従業員が「お客さまに食事を提供する際には〜」と述べているもかかわらず、「客に食事を」と言い替えるアナウンサーやレポーターが多いのには驚かされます。自分のことを「客」というのはかまいませんが、相手から「客」とは言われたくないでしょう。このように、日本語には謙遜表現が多いので、自分と相手の立場を意識して適切に使い分けましょう。

Chapter 7

技術文章を書く際に役立つ指針・ルールを知ろう

このChapterでは、技術文章を書く際に従うべき用字・表記の指針やルールについて説明します。最近、「用字や表記の基礎知識は国語の授業で習っているのだから、改めて勉強する必要はない」と言う人が増えています。しかし、文部科学省が定めた指導要領を概覧したところ、義務教育（小学校・中学校）の国語には、用字・表記に関係するトピックはほぼ含まれていません。また、高等学校の現代国語や大学のライティング科目にも、用字・表記について説明しているものはほとんどありません。つまり、多くの日本人は見様見真似（みようみまね）の用字・表記で文章を書いているのです。

このChapterの内容を読むことで、日本人が知っているようで知らない用字・表記の基礎知識を習得して文章執筆時に活用できるようになります。

- **英数字の表記の仕方**
- **単位と量の表記の仕方（「SI単位系」を参考に）**
- **引用文献・参考文献の表記の仕方**
- **句読点の表記の仕方**
- **カタカナ語の表記の仕方（「外来語の表記」を参考に）**
- **かなづかい（「現代仮名遣い」を参考に）**
- **送りがなのつけ方（「送り仮名の付け方」を参考に）**
- **漢字の使用範囲（「常用漢字表」を参考に）**

Section 1 英数字の表記の仕方

英字と算用数字については、まず半角文字で表記するか全角文字で表記するかを決めなければなりません。また、算用数字の位取りについても決めなければなりません。さらに、数字には算用数字（アラビア数字）と漢数字があるので、この２つを使い分けるルールを定めておくことも必要です。この３つを明確にしておかないと、書く人によって英数字の表記がバラバラになってしまいます。

このSectionでは、この３つに関係する下記のトピックについて説明します。

- ▶ **英字と算用数字は半角文字で表記する**
- ▶ **算用数字は３桁ごとにコンマ（,）をつける**
- ▶ **算用数字と漢数字を適切に使い分ける**

英字と算用数字は半角文字で表記する

横書きの技術文章においては、英字と算用数字は半角文字で表記するのが一般的です。縦書きの文章では、印刷時の見栄えを考えて全角文字の英数字を使うこともありますが、横書きの文章では半角文字の英数字を使うケースが多くなってきています。

☆本書では、本書の出版元である日本能率協会マネジメントセンターの表記ルールに基づいて、算用数字を１文字単独で使う場合は全角にし、２文字以上の算用数字を使う場合は半角にしています。

算用数字は３桁ごとにコンマ（,）をつける

横書きの技術文章では、桁（けた）がわかりやすいように、次に示す表記例のように

算用数字の3桁ごとに半角コンマ（,）をつけるのが一般的になっています。

〈算用数字の表記例〉

5,607,765人

ただし、西暦年を表す数字は、例外として、下記のようにコンマ（,）なしで表記します。

〈西暦年の表記例〉

2021年4月25日

算用数字と漢数字を適切に使い分ける

算用数字と漢数字の使い分けについては、以前はあまり明確な基準がなく、表記がバラバラになりがちでした。以下に示すのは、筆者の一人である浅岡伴夫が30年ほど前に提唱し、徐々に普及してきている使い分け方です。

算用数字を使ったほうがよいケース

技術文書の最大の目的は情報提供ですから、数値情報については算用数字（アラビア数字）にして目立たせたほうがよいと考えられます。

下記の3つの例文を見てください。

〈例文①〉

このソフトウエアは、九個のプログラムモジュールから成っています。

〈例文②〉

第三の選択肢として考えられるのは、プロジェクトチームの解散です。

〈例文③〉

改善提案書の提出期限は、十一月二十九日の16：00です。

例文①の「九個」は数（かず）を表すものなので、「9個」に直します。例文②の「第三」は「第1」、「第2」、「第3」と数（かず）が続いていくので、「第3」にします。例文③の「十一月二十九日」は、技術文章では日付が重要な意味をもつので、「11月29日」にします。

算用数字にすべき主なものを例示しておきます。

〈算用数字で表記すべき数字の例〉

２進法、10進法、16進法、５つ、３角形、４角形、２倍、
７回目、９桁、24通り、第６次、72年前、138人、12ヵ月、
３分間、254メートル、第２の（問題点）、３月16日、など

漢数字を使ったほうがよいケース

熟語化して数値情報としての意味が弱くなっているものについては、漢数字を使うほうが自然です。次の３つの例文を見てください。

〈例文①〉

リーダーとサブリーダーが、２人３脚でプロジェクトメンバーをサポートしなければなりません。

〈例文②〉

この現象は、１時的なものであると考えられます。

〈例文③〉

この数値シミュレーションを実行するには、３角関数と積分を使う必要があります。

「二人三脚」、「一時的」、「三角関数」はいずれも熟語化して数値としての意味が弱くなっているため、算用数字にすると違和感があります。

漢数字を使うべき主なものを例示しておきます。

〈漢数字で表記すべき数字の例〉

第一の（「一番重要な」という意味で使う場合）、一時的、一面的、一人前、三角関数、一連の（問題）、四捨五入、二面性、一流の、一次的、一義的、二人三脚、五十歩百歩、百人力、一人きり、など

算用数字と漢数字を使い分けるための基本ルール

ここまでの説明から、算用数字と漢数字を使い分ける次のような基本ルール

を導き出すことができます。

〈算用数字と漢数字を使い分ける基本ルール〉

「数字の置き換えが自由にできるものは算用数字にし、置き換えができないものは漢数字にする」

技術文章については、このルールを適用すれば、ほぼ迷うことなく数字を表記することができます。ここで「ほぼ」というややあいまいな表現を用いているのは、たとえば「第一の」(「一番重要な」という意味で使っているケース)と「第１の」(「いくつかある中の１番目の」という意味で使っているケース)のように状況によってどちらにするか迷う場合もあるからです。そういうケースについてはそれほど神経質にならなくてもよいでしょう。

Section 2

単位と量の表記の仕方（「SI単位系」を参考に）

単位と量については、「国際単位系（SI）」に従って表記するのがよいと考えられます。この単位系は、それまで広く使用されていたMKSA単位系が拡張されたもので、今では世界中で使われるようになっています。

このSectionでは、そのルールを踏まえながら、下記のトピックについて説明します。

- **国際単位系（SI）とは何か？**
- **単位名称と単位記号をどう使い分けたらよいか？**
- **注意が必要な単位記号**
- **数値と単位記号の間にスペースを入れる**

国際単位系（SI）とは何か？

国際単位系（SI）とは、長さ（メートル：m）、質量（キログラム：kg）、時間（秒：s）、電流（アンペア：A）の４つを基本単位とするMKSA単位系に熱力学温度（ケルビン：K）、物質量（モル：mol）、光度（カンデラ：cd）の３つを加える形で拡張された単位系です。1960年に国際度量衡総会で使用が採択され、世界標準の単位系となりました。日本でもJIS規格にとり入れられており、多くの企業や団体が採用しています。

参考までに、次の図表にSIの基本単位の一覧を示します。

図表7.1　SIの７つの基本単位の一覧

量	単位名称	単位記号	定　義
時間	秒	s	セシウム133原子の基底状態の２つの超微細準位の間の遷移に対応する放射の周期の9,192,631,770倍の継続時間
長さ	メートル	m	1/299,792,458秒の時間に光が真空中を伝わる距離

質量	キログラム	kg	国際キログラム原器の質量
電流	アンペア	A	真空中に1メートルの間隔で平行に置いた無限に長く無限に小さい円形断面積をもつ2本の直線状導体のそれぞれを流れ、導体の長さ1メートルにつき2×10^{-7}ニュートンの力を及ぼし合う不変の電流
熱力学温度	ケルビン	K	水の三重点の熱力学温度の1/273.16
物質量	モル	mol	0.012kgの炭素12に含まれる原子と等しい数の要素粒子または要素粒子の集合体で構成された系の物質量
光度	カンデラ	cd	周波数 540×10^{12}ヘルツ の単色放射を放出し、所定方向の放射強度が1/683W・sr^{-1}である光源のその方向における光度

SIの詳細については、産業技術総合研究所（産総研） 計量標準総合センターのWebサイト内の「SI文書第9版（2019）日本語版」（次版がリリースされた場合はそちらを）を参照してください。

単位名称と単位記号をどう使い分けたらよいか？

両者の使い方の主なものは、次の3通りです。

- 単位名称（キロメートル、アンペア、秒など）だけを使用する
- 単位記号（km、A、s など）だけを使用する
- 本文中では単位名称を使用し、図表や箇条書きでは単位記号を使用する

1番目の方法は、文字数が多くなるため、数値が多く記述されるような図表には向きません。2番目の方法は、可能ではありますが、本文が読みにくくなる場合もあります。一般的な技術文章では、3番目の方法を採用するのが妥当だと考えられます。

このほか、本文中で時間（分、秒など）やわかりにくいもの（ケルビンなど）だけ単位名称を用い、その他は単位記号を用いるという方法もあります。

注意が必要な単位記号

単位記号は原則として小文字で表記します。ただし、下記の例のように大文字を用いるものもあります（大文字の単位記号は人名に由来するものがほとんどです）。

〈大文字で表記する単位記号の例〉

A（アンペア）、J（ジュール）、K（ケルビン）、N（ニュートン）、V（ボルト）、 W（ワット）、 KB（キロバイト）、MB（メガバイト）、など

単位記号の表記については、「15 Kg」（「15 kg」が正しい）といった間違いが多く見られますので、注意してください。

数値と単位記号の間にスペースを入れる

JIS Z 8000-1（2014）では、次のように規定されています。

「単位記号は数値の後に置き、数値と単位記号との間にスペースをあける。この規則は、パーセント（%）及びパーミル（‰）の単位にも適用されることに留意する。この規則に従い、セルシウス（セ氏）温度を表す場合、セルシウス度を示す（℃）の記号の前にスペースをあけなければならないことにも留意する。この規則に対する例外は、平面角に対する度（°）、分(min)、及び秒（s）の単位であり、この場合には、数値と 単位記号との間にスペースを入れない」

※「7.1.4 量の表示」から引用）

数値と単位記号の間のスペースは半角分にするのが一般的です。このルールを適用した表記例を次に示します。

〈表記例〉

129 m、98 kg、200 V、100 W、30 A、35 ℃、25 %、など

※例外表記の例：90°、17min、30s

Section 3

引用文献・参考文献の表記の仕方

技術文章の中で他の文献の一部を引用したり参考にしたりする場合は、原典のタイトルや著作者を明記しておく必要があります。

このSectionでは、引用文献や参考文献を適切に表記するために知っておく必要のある下記のトピックについて説明します。

- ▶ **執筆者には引用文献・参考文献を明示する義務がある**
- ▶ **引用文献・参考文献をどこにどのような形で示すか？**
- ▶ **引用文献・参考文献の表記方法**
- ▶ **日本語文献の表記ルールと表記例**
- ▶ **欧文文献の表記ルールと表記例**

執筆者には引用文献・参考文献を明示する義務がある

著作権法の第三十二条には次の図に示すような記述があるため、他者の著作物の一部を引用したり参考にしたりすることができます。

図表7.2　『著作権法』の第三十二条の内容

第三十二条
　公表された著作物は、引用して利用することができる。この場合において、その引用は、公正な慣行に合致するものであり、かつ、報道、批評、研究その他の引用の目的上正当な範囲内で行なわれるものでなければならない。

これは、必要に応じて他者の著作物の一部を引用することができることを示す条文ですが、この条文の主旨から考えて、引用した文献や参考にした文献を明示することが執筆者の義務であることは明らかです。逆に、これを怠ると、権利を侵害したとして原著作者から告訴されるなどのトラブルが発生する恐れがあります。

引用文献・参考文献をどこにどのような形で示すか？

技術文章の中で引用したり参考にしたりした他者の文献を明示する方法は、次の２つです。企業や団体が作成する技術文書の場合は、どちらにするかあらかじめ決めておく必要があります。ただし、学会誌や専門誌に投稿する場合は、投稿規定の中に記述方法が示されているので、それに従ってください。

- 文章中で引用した場所や参考にした場所ごとに元の文献に関する情報を入れる方法
- 文章中で引用した場所や参考にした場所に注番号または〔著作者名＋著作年（発行年)〕を入れておき、ページの下部や節または章の最後にまとめて文献に関する情報を示す方法

引用文献・参考文献の表記方法

実際に引用文献や参考文献を示す際の表記法については、各種の学会や団体が独自のルールを決めており、統一的な表記法があるわけではありません。以下に示すルールは、記さなければならない情報、一般的な記述順序、記述方法の概要だと考えてください。

なお、本文中の該当箇所ごとに〔著作者名＋著作年（発行年)〕を入れる方式にする場合は、引用文献・参考文献の表記順序が以下に示すルールとは若干変わってきます。本文中の〔著作者名＋著作年（発行年)〕と対比しやすいように、「著作者名」のあとに「著作年（発行年)」を記します。また、一人の著作者が同じ年に発表した２つ以上の著作物を引用している場合や参考にしている場合は、「浅岡類 2023a」、「浅岡類 2023b」のような形で区別します。

以下に示す引用文献および参考文献の表記方法は、独立行政法人 科学技術振興機構（JST）が技術文書や科学技術系の論文などを執筆する際の指針として策定した『科学技術情報流通技術基準　参照文献の書き方（SIST 02 - 2007)』に基づいています。この文書（PDFファイル）は、JSTのWebサイトからダウンロードできます。

☆前述のように、独自の表記方法を規定している学会や団体が多いので、刊行物に原稿を投稿する際には、その刊行物の発行元に引用文献の表記方法の有無を確認してください。

日本語文献の表記ルールと表記例

以下に、日本語文献の表記方法と表記例を示します。なお、下線がついている部分は必須項目（文献情報にその項目がある場合）であり、下線がついていない部分は任意項目です。

日本語オリジナルの書籍の表記ルール

<u>著者名</u>. <u>書名</u>. <u>版表示</u>, 出版地, <u>出版社</u>, <u>出版年</u>, <u>総ページ数</u>, (シリーズ名, シリーズ番号), ISBN. (言語の表示), (媒体表示), 入手先, (入手日付).

〈表記例〉

浅岡類, 浅岡伴夫. 技術文書＆文章の教科書. 東京, 日本能率協会マネジメントセンター, 2023, p.276.

翻訳（英⇒日）書籍の表記ルール

<u>著者名</u>. <u>書名</u>. <u>翻訳者名</u>（訳）, 出版地, <u>出版社</u>, <u>出版年</u>, <u>総ページ数</u>, (シリーズ名, シリーズ番号), ISBN. (言語の表示), (媒体表示), 入手先, (入手日付).

〈表記例〉

Robert N. Charette. 管理職のためのソフトウエア開発戦略. 浅岡伴夫 監訳, 東京, 日経BP, 1988, p.319.

定期刊行物（雑誌／論文集）の記事／論文の表記ルール

<u>著者名</u>. <u>記事／論文名</u>. <u>誌名</u>. <u>出版年</u>, <u>巻数</u>, <u>号数</u>, <u>はじめのページ－おわりのページ</u>, ISSN. (言語の表示), (媒体表示), 入手先, (入手日付).

〈表記例〉

浅岡伴夫．新たなステージを迎えたOne to One & CRMマーケティング．クレジット研究．2005，第33号，p. 88－101.

Webサイト上の文献の表記ルール

著者名．“Webページの題名”．ウェブサイトの名称．更新日付．（言語の表示），（媒体表示），入手先，（入手日付）.

〈表記例〉

理化学研究所．“一つの植物細胞を丸ごと３次元で再現－光依存的なオルガネラの変化をナノスケールで探る－”．理化学研究所　研究成果（プレスリリース）．2022年10月18日．https://www.riken.jp/press/2022/20221018_1/index.html，（参照　2023年１月５日）.

欧文文献の表記ルールと表記例

以下に、欧文文献の表記方法と表記例を示します。なお、下線がついている部分は必須項目（文献情報にその項目がある場合）であり、下線がついていない部分は任意項目です。

欧文書籍の表記ルール

著者名．書名．版表示，出版地，出版社，出版年，総ページ数，（シリーズ名，シリーズ番号），ISBN．（言語の表示），（媒体表示），入手先，（入手日付）.

〈表記例〉

Fatih Ayhan, Burak Darici. Digital Transformation and New Approaches in Trade, Economics, Finance and Banking. Bristol, Peter Lang Pub Inc. 2022, p.328.

定期刊行物（雑誌／論文集）の記事／論文の表記ルール

著者名．記事／論文名．誌名．出版年，巻数，号数，はじめのページ－おわりのページ，ＩＳＳＮ．(言語の表示)，(媒体表示)，入手先，(入手日付)．

〈表記例〉

Rui Asaoka, Julio Gea-Banacloche, Yuuki Tokunaga, and Kazuki Koshino. Stimulated Emission of Superradiant Atoms in Waveguide Quantum Electrodynamics. Physical Review Applied. 2022, 18, 6, 064006 1-12.

Webサイト上の文献の表記ルール

著者名．"Webページの題名"．ウェブサイトの名称．更新日付．(言語の表示)，(媒体表示)，入手先，(入手日付)．

〈表記例〉

Gi Sam Hong. "Greetings from the Chairman of the Board." Yuhan University. https://www.yuhan.ac.kr/en/ibuilder.do?menu_idx=6007, (accessed 2022-10-24).

☆ビジネス系の文書や社会科学系の文書での引用文献や参考文献の表記の仕方については、技術系と同様に統一的なルールや指針があるわけではありませんが、アメリカ心理学会（APA）が出版している『APA論文作成マニュアル第２版』(2011年　医学書院）を参考にするのがよいでしょう。

Section 4 句読点の表記の仕方

句読点とは、文（センテンス）の終わりを示す句点と文中の区切りを示す読点の総称です。

このSectionでは、句読点の表記について知っておく必要がある下記のトピックについて説明します。

- **句読点を何で表すか?**
- **かぎカッコで文章を引用する場合の句点の使い方**

句読点を何で表すか?

句点には「マル（。）」を用い、読点には「なみだテン（、）」を用いるのが一般的ですが、これ以外の表記方法もあります。

次に示すのは、現在句読点として用いられている符号の使用パターンです。

・句点にマル（。）を用い、読点になみだテン（、）を用いる
・句点にマル（。）を用い、読点にコンマ（,）を用いる
・句点にピリオド（.）を用い、読点にコンマ（,）を用いる

技術文章の場合は、ピリオドやコンマが含まれる数式やプログラム記述などが文章中に入る可能性があるため、和文でしか使わないマルとなみだテンを使う1番目の方式がよいと考えられます。本書でも、1番目の方式を採用しています。

なお、句読点の打ち方については、Chapter 8 の Section 2 で詳しく説明します。

かぎカッコで文章を引用する場合の句点の使い方

かぎカッコで文章を引用する場合に、最後の文の終わりに句点をつける人が多いようですが、社会人向けの文章ではこの句点をつけないのが一般的です。

かぎカッコと句点については、大きく分けて下記の3つの表記ルールが存在します。

かぎカッコ内の最後の文の終わりに句点をつけるケース（子ども向けの文章での表記ルール）

〈例文①：かぎカッコが文の一部の場合〉

「ハルは、きっともどってくるよ。」とトミーは言いました。

〈例文②：かぎカッコが独立した文の場合〉

「見てごらん。虹が出ているよ。」

「ほんとだ。」

※子ども向けの文章では、かぎカッコが独立した文である場合は上記のように必ず改行するため、そのあとに別の文が続くことは基本的にありません。

かぎカッコ内の最後の文の終わりに句点をつけないケース（社会人向けの書籍や雑誌の文章での表記ルール）

〈例文③：かぎカッコが文の一部の場合〉

「セキュリティカードは常に携帯してください」と注意書きに記されています。

〈例文④：かぎカッコが独立した文でそのあと別の文が続く場合〉

「9：15までに入室してください」　この指示に従わないとプロジェクト会議には参加できません。

※この例のように、かぎカッコが独立した文でそのあとに別の文が続く場合は、かぎカッコのあとに全角スペース（または半角スペース）を入れるのが一般的です。

〈例文⑤：かぎカッコが独立した文であり、そのあと改行する場合〉

「9：15までに入室してください」

この指示に従わないとプロジェクト会議には参加できません。

かぎカッコ内の最後の文の終わりには句点をつけず、かぎカッコのあとにつけるケース（新聞協会のルール）

〈例文⑥：かぎカッコが文の一部の場合〉

「改革が国民にもたらした効果と産業界にもたらした効果を別に検証する必要がある」との意見が出された。

〈例文⑦：かぎカッコが独立した文であり、そのあとに別の文が続く場合〉

「被害を最小限に食い止めることが先決である」。大臣のこの発言を受けて、担当部局が被害拡大の防止策の検討に入った。

〈例文⑧：かぎカッコが独立した文でそのあと改行する場合〉

「被害を最小限に食い止めることが先決である」

大臣のこの発言を受けて、担当部局が被害拡大の防止策の検討に入った。

ここに示したように、かぎカッコと句読点の表記の仕方はいくつかありますが、技術文章においては、２番目のルール（社会人向けの書籍や雑誌向けのルール）に従うのがよいと考えられます。

Section 5 カタカナ語の表記の仕方(「外来語の表記」を参考に)

カタカナ語の表記については、国語審議会での検討を経て文化庁によって策定され1991年に内閣告示された「外来語の表記」という公的なルールがあるので、それを参考にするのがよいと考えられます。ただし、このルールはカタカナ語の表記を一つに統一しようとするものではないため、「現代仮名遣い」、「送り仮名の付け方」、および「常用漢字表」のようにほぼそのまま利用するというわけにはいきません。

このSectionでは、そのルールの内容を踏まえながら、下記のトピックについて説明します。

- **「外来語の表記」を参考にしてカタカナ語の表記ルールを作る**
- **技術文章におけるカタカナ語の表記ルールの例**

「外来語の表記」を参考にしてカタカナ語の表記ルールを作る

カタカナ語の表記の仕方は何通りも存在します。したがって、カタカナ語の表記ルールを定めておかないと、書く人によって、また書く人の気分によって、表記がバラバラになる恐れがあります。

カタカナ語の表記ルールは、前出の「外来語の表記」を参考にして作成するのがよいと考えられます。参考までに、「外来語の表記」の一部を次の図表に示し、付録（用例集）の一部をその次の図表に示しておきます。なお、「外来語の表記」の中身は、文化庁HP⇒「国語施策情報」⇒「内閣告示・内閣訓令」⇒「外来語の表記」で閲覧することができます。

図表7.3 「外来語の表記」の一部

留意事項その1（原則的な事項）

1．この『外来語の表記』では、外来語や外国の地名・人名を片仮名で書き表す場合のことを扱う。
2．「ハンカチ」と「ハンケチ」、「グローブ」と「グラブ」のように、語形にゆれのあるものについて、その語形をどちらかに決めようとはしていない。
3．語形やその書き表し方については、慣用が定まっているものはそれによる。分野によって異なる慣用が定まっている場合には、それぞれの慣用によって差し支えない。
4．国語化の程度の高い語は、おおむね第１表に示す仮名で書き表すことができる。一方、国語化の程度がそれほど高くない語、ある程度外国語に近く書き表す必要のある語—特に地名・人名の場合—は、第２表に示す仮名を用いて書き表すことができる。
5．第２表に示す仮名を用いる必要がない場合は、第1表に示す仮名の範囲で書き表すことができる。
　例　イェ→イエ　ウォ→ウオ　トゥ→ツ、ト　ヴァ→バ
6．特別な音の書き表し方については、取決めを行わず、自由とすることとしたが、その中には、例えば、「スィ」「ズィ」「グィ」「グェ」「グォ」「キェ」「ニェ」「ヒェ」「フョ」「ヴョ」等の仮名が含まれる。

留意事項その2（細則的な事項）

以下の各項に示す語例は、それぞれの仮名の用法の一例として示すものであって、その語をいつもそう書かなければならないことを意味するものではない。語例のうち、地名・人名には、それぞれ（地）、（人）の文字を添えた。

Ⅰ　第１表に示す「シェ」以下の仮名に関するもの

1　「シェ」「ジェ」は、外来音シェ、ジェに対応する仮名である。

〔例〕　シェーカー　シェード　ジェットエンジン　ダイジェスト
　　　シェフィールド（地）　アルジェリア（地）
　　　シェークスピア（人）　ミケランジェロ（人）

注1　「セ」「ゼ」と書く慣用のある場合は、それによる。
〔例〕　ミルクセーキ　ゼラチン

2　「チェ」は、外来音チェに対応する仮名である。

〔例〕　チェーン　チェス　チェック　マンチェスター（地）　チェーホフ（人）

3　「ツァ」「ツェ」「ツォ」は、外来音ツァ、ツェ、ツォに対応する仮名である。

〔例〕　コンツェルン　シャンツェ　カンツォーネ
　　　フィレンツェ（地）　モーツァルト（人）　ツェッペリン（人）

4　「ティ」「ディ」は、外来音ティ、ディに対応する仮名である。
〔例〕　ティーパーティー　ボランティア　ディーゼルエンジン　ビルディング
　　　アトランティックシティー（地）　ノルマンディー（地）
　　　ドニゼッティ（人）　ディズニー（人）
注1　「チ」「ジ」と書く慣用のある場合は、それによる。
〔例〕　エチケット　スチーム　プラスチック　スタジアム　スタジオ　ラジオ
　　　チロル（地）　エジソン（人）
注2　「テ」「デ」と書く慣用のある場合は、それによる。
〔例〕　ステッキ　キャンデー　デザイン

5　「ファ」「フィ」「フェ」「フォ」は、外来音ファ、フィ、フェ、フォに対応する仮名である。
〔例〕　ファイル　フィート　フェンシング　フォークダンス
　　　バッファロー（地）　フィリピン（地）　フェアバンクス（地）
　　　カリフォルニア（地）
　　　ファーブル（人）　マンスフィールド（人）　エッフェル（人）
　　　フォスター（人）
注1　「ハ」「ヒ」「ヘ」「ホ」と書く慣用のある場合は、それによる。
〔例〕　セロハン　モルヒネ　プラットホーム　ホルマリン　メガホン
注2　「ファン」「フィルム」「フェルト」等は、「フアン」「フイルム」「フエルト」と書く慣用もある。

6　「デュ」は、外来音デュに対応する仮名である。
〔例〕　デュエット　プロデューサー　デュッセルドルフ（地）　デューイ（人）
注　「ジュ」と書く慣用のある場合は、それによる。
〔例〕　ジュース（deuce）　ジュラルミン
<後略>

図表7.4　付録（用例集）の一部

【ア】

アーケード　アイスクリーム　アイロン
アインシュタイン（人）　アカデミー　アクセサリー
アジア（地）　アスファルト　アトランティックシティー(地)
アナウンサー　アパート　アフリカ（地）
アメリカ（地）　アラビア（地）　アルジェリア（地）
アルバム　アルファベット　アルミニウム
アンケート

【イ】

イエーツ／イェーツ（人）　イェスペルセン（人）　イエナ（地）
イエローストン（地）　イギリス（地）　イコール
イスタンブール（地）　イタリア（地）　イニング
インタビュー／インタヴュー　インド（地）　インドネシア（地）
インフレーション

【ウ】

ウイークデー　ウィーン（地）　ウイスキー／ウィスキー
ウイット　ウィルソン（人）　ウェールズ（地）
ウエスト（waist）　ウエディングケーキ／ウェディングケーキ　ウエハース
ウェブスター（人）　ウォルポール（人）　ウラニウム

【エ】

エイト　エキス　エキストラ
エジソン（人）　エジプト（地）　エチケット
エッフェル（人）　エネルギー　エプロン
エルサレム／イェルサレム(地)　エレベーター／エレベータ

【オ】

オーエン（人）　オーストラリア（地）　オートバイ
オーバーコート　オックスフォード（地）　オフィス
オホーツク（地）　オリンピック　オルガン
オレンジ

【カ】

ガーゼ　カーテン　カード
カーブ　カクテル　ガス
ガソリン　カタログ　カット
カップ　カバー　カムチャツカ（地）
カメラ　ガラス　カリフォルニア（地）
カルシウム　カルテット　カレンダー
カロリー　ガンジー（人）　カンツォーネ

【キ】

ギター
キムチ
キャベツ
キャンデー
キャンプ
キュリー（人）
ギリシャ／ギリシア（地）
キリマンジャロ（地）
キルティング

【ク】

グアテマラ／グァテマラ（地）
クイーン
クイズ
クインテット
クーデター
クーポン
クエスチョンマーク
クオータリー／クォータリー
グラビア
クラブ
グランドキャニオン（地）
クリスマスツリー
グリニッジ（地）
グループ
グレゴリウス（人）
クレジット
クレヨン

【ケ】

ケインズ（人）
ゲーテ（人）
ケープタウン（地）
ケーブルカー
ゲーム
ケンタッキー（地）
ケンブリッジ（地）

【コ】

コーヒー
コールタール
コスチューム
コップ
コピー
コペルニクス（人）
コミュニケーション
コロンブス（人）
コンクール
コンクリート
コンツェルン
コンピューター／コンピュータ
コンマ

＜後略＞

なお、詳細については、文化庁HP⇒「国語施策情報」⇒「内閣告示・内閣訓令」⇒「外来語の表記」を参照してください。ただし、このルールは一般的な外来語に適するよう定められたものであり、各分野の専門用語に適するとは限りません。

技術文章におけるカタカナ語の表記ルールの例

技術文章におけるカタカナ語の表記ルールを作るための指針を、以下に示します。これらの指針は、英単語の綴りや発音に基づくものなので、いろいろな分野の表記ルール作りにも応用することができます。

英単語の語尾がer、or、ar の場合のカタカナ語の表記方法

新聞や一般向けの雑誌などでは「ー」(音引) をつけるのが一般的な表記法ですが、技術系の専門文書では、下記の例のように語の最後の音引(「おんびき」と読む)をつけない方法が主流です。ただ、専門用語の表記も一般的な表記に合わせようという動きが出始めているので、最後の音引をつけるほうが今後主流になる可能性もあります。

〈表記例〉

operator ⇒ オペレータ
player ⇒ プレイヤ
computer ⇒ コンピュータ
indicator ⇒ インジケータ
protector ⇒ プロテクタ
irregular ⇒ イレギュラ

このように音引をつけない方法を採用した場合でも、下記の例のように、元になる外来語(カタカナ語)が3字までのものは例外として音引をつけたほうがよいでしょう。

〈表記例〉

server ⇒ サーバー
doctor ⇒ ドクター
member ⇒ メンバー
number ⇒ ナンバー
user ⇒ ユーザー
over ⇒ オーバー
lever ⇒ レバー
error ⇒ エラー
car ⇒ カー

本書では、一般の表記法に従って、原語の綴りがer、or、arで終わる場合は

最後の音引をつけるというルールを採用しています。

発音記号が〔ei〕の部分の表記方法

英単語の中の〔ei〕という発音記号の部分については、下記の例のように「ー」（音引）で表すのが一般的ですが、（　）内の例のように「イ」で表す方法もあります。

〈表記例〉

base ⇒ ベース（ベイス）
interface ⇒ インターフェース（インターフェイス）
phase ⇒ フェーズ（フェイズ）

語尾がowの語の表記方法

語尾がowで終わる英単語（その部分の発音記号は「ou」）については、下記の例のように「ー」（音引）をつけるのが一般的ですが、（　）内の例のように「ウ」で表す方法もあります。

〈表記例〉

fellow ⇒ フェロー（フェロウ）
window ⇒ ウインドー（ウインドウ）
overflow ⇒ オーバーフロー（オーバーフロウ）

原語の綴りがowで終わる語については、最後の音引をつけないという表記法はないので、注意してください。たとえば、window を「ウインド」と表記したのでは「風（wind）」になってしまいますし、flow を「フロ」と表記したのでは「風呂」と間違えられる恐れがあるからです。

母音字+yで終わる語の表記方法

下記の例のように「ー」（音引）をつけるのが一般的ですが、（　）内の例のように「イ」で表す方法もあります。

〈表記例〉

valley	⇒	バレー（バレイ）
play	⇒	プレー（プレイ）
overlay	⇒	オーバーレー（オーバーレイ）
delay	⇒	ディレー（ディレイ）

母音字+yで終わる語については、最後の音引をつけないという表記法はないので、注意してください。たとえば、overlay を「オーバレ」と表記したり、delay を「ディレ」と表記したのでは、単語の意味がわからなくなってしまう恐れがあるからです。

子音字+yで終わる語の表記方法

下の例のように「ー」（音引）をつける方法が一般的ですが、（　）内の例のように「ィ」で表す方法や何もつけない方法もあります。

〈表記例〉

directory	⇒	ディレクトリー（ディレクトリィ／ディレクトリ）
library	⇒	ライブラリー（ライブラリィ／ライブラリ）
memory	⇒	メモリー（メモリィ／メモリ）

t+yで終わる語の表記方法

下記の例のように「ティ」で表すのが一般的な方法です。「ティー」と表記するケースをよく見かけますが、その部分の発音記号は「ti」ですので、音引をつけずに「ティ」と表記するほうがよいでしょう。

〈表記例〉

security	⇒	セキュリティ
utility	⇒	ユーティリティ
property	⇒	プロパティ

tureで終わる語の表記方法

下記の例のように「チャー」で表すのが一般的です。（　）内の例のように最後の音引をつけないという方法もありますが、最近ではあまり使われなくなってきているようです。

〈表記例〉

structure ⇒ ストラクチャー（ストラクチャ）
architecture ⇒ アーキテクチャー（アーキテクチャ）
venture ⇒ ベンチャー（ベンチャ）

ここに示したのは基本的なものだけであり、このほかにもdial（ダイアル／ダイヤル）、channel（チャンネル／チャネル）、fax（ファックス／ファクス）のように表記法を決めておく必要があるものが数多くあります。

ここに示した表記ルールの例と文化庁HP内の「外来語の表記」の内容を参考にして、ご自分の仕事の環境に合うルールを作成してください。

Section 6 かなづかい(「現代仮名遣い」を参考に)

かなづかいについては、国語審議会での検討を経て文化庁によって策定され1986年に内閣告示され2010年に一部改定された「現代仮名遣い」という公的なルールがあるので、基本的にそのルールに従うのがよいと考えられます。

このSectionでは、このルールを踏まえながら、下記のトピックについて説明します。

- **基本的に「現代仮名遣い」のルールに従う**
- **かなづかいに誤りがある例**
- **間違えやすいかなづかいの例**

基本的に「現代仮名遣い」のルールに従う

かなづかいについては、「現代仮名遣い」に示されたルールに従うのがよいでしょう。このルールは、語句の表記を発音と一致させることを目的としたいわゆる字音一致の表記規則で、明治以降かなづかいの拠り所とされていた「歴史的仮名遣い」が1946年に全面改定されて「現代かなづかい」になり、それが1986年に改定され、2010年に部分改定されたものです。参考までに、「現代仮名遣い」の最初の部分を次の図表に示しておきます。

ただし、実際の場面で自信のないかなづかいが出てきた場合は、「現代仮名遣い」を参照するよりは、国語辞典（紙版または電子版）を調べるほうが簡単です（市販の「国語辞典」は、「現代仮名遣い」に従ってかなづかいが表記されています）。

☆インターネット上の国語辞書には「現代仮名遣い」に従って表記されていないものもあるので、注意してください。市販の国語辞典の電子版であれば、問題はないでしょう。

図表7.5 「現代仮名遣い」の一部

第2（表記の慣習による特例）

1　助詞の「を」は、「を」と書く。

例　本を読む　岩をも通す　失礼をばいたしました
　　やむをえない　いわんや…をや　よせばよいものを
　　てにをは

2　助詞の「は」は、「は」と書く。

例　今日は日曜です　山では雪が降りました
　　あるいは　または　もしくは
　　いずれは　さては　ついては　ではさようなら　とはいえ
　　惜しむらくは　恐らくは　願わくは
　　これはこれは　こんにちは　こんばんは
　　悪天候もものかは

［注意］　次のようなものは、この例にあたらないものとする。
　　いまわの際　すわ一大事
　　雨も降るわ風も吹くわ　来るわ来るわ　きれいだわ

3　助詞の「へ」は、「へ」と書く。

例　故郷へ帰る　…さんへ　母への便り　駅へは数分

4　動詞の「いう（言）」は、「いう」と書く。

例　ものをいう（言）　いうまでもない　昔々あったという
　　どういうふうに　人というもの　こういうわけ

5　次のような語は、「ぢ」「づ」を用いて書く。

（1）同音の連呼によって生じた「ぢ」「づ」

例　ちぢみ（縮）　ちぢむ　ちぢれる　ちぢこまる
　　つづみ（鼓）　つづら　つづく（続）　つづめる（約△）　つづる（綴*）

［注意］「いちじく」「いちじるしい」は、この例にあたらない。

（2）二語の連合によって生じた「ぢ」「づ」

例　はなぢ（鼻血）　そえぢ（添乳）　もらいぢち　そこぢから（底力）
　　ひぢりめん
　　いれぢえ（入知恵）　ちゃのみぢゃわん
　　まぢか（間近）　こぢんまり
　　ちかぢか（近々）　ちりぢり
　　みかづき（三日月）　たけづつ（竹筒）　たづな（手綱）　ともづな
　　にいづま（新妻）　けづめ　ひづめ　ひげづら

おこづかい（小遣）　あいそづかし　わしづかみ　こころづくし（心尽）

てづくり（手作）　こづつみ（小包）　ことづて　はこづめ（箱詰）
はたらきづめ　みちづれ（道連）
かたづく　こづく（小突）　どくづく　もとづく　うらづける　ゆきづまる
ねばりづよい
つねづね（常々）　つくづく　つれづれ

なお、次のような語については、現代語の意識では一般に二語に分解しにくいもの等として、それぞれ「じ」「ず」を用いて書くことを本則とし、「せかいぢゅう」「いなづま」のように「ぢ」「づ」を用いて書くこともできるものとする。

例　せかいじゅう（世界中）
　　いなずま（稲妻）　かたず（固唾）　きずな（絆*）　さかずき（杯）
　　ときわず　ほおずき　みみずく
　　うなずく　おとずれる（訪）　かしずく　つまずく　ぬかずく　ひざまずく
　　あせみずく　くんずほぐれつ　さしずめ　でずっぱり　なかんずく
　　うでずく　くろずくめ　ひとりずつ
　　ゆうずう（融通）

［注意］

次のような語の中の「じ」「ず」は、漢字の音読みでもともと濁っているものであって、上記（1）、（2）のいずれにもあたらず、「じ」「ず」を用いて書く。

例　じめん（地面）　ぬのじ（布地）
　　ずが（図画）　りゃくず（略図）

6　次のような語は、オ列の仮名に「お」を添えて書く。

例　おおかみ　おおせ（仰）　おおやけ（公）　こおり（氷・郡△）　こおろぎ
　　ほお（頬・朴△）　ほおずき　ほのお（炎）　とお（十）
　　いきどおる（憤）　おおう（覆）　こおる（凍）　しおおせる　とおる（通）

　　とどこおる（滞）
　　もよおす（催）
　　いとおしい　おおい（多）　おおきい（大）　とおい（遠）
　　おおむね　おおよそ

　これらは、歴史的仮名遣いでオ列の仮名に「ほ」又は「を」が続くものであって、オ列の長音として発音されるか、オ・オ、コ・オのように発音されるかにかかわらず、オ列の仮名に「お」を添えて書くものである。

付記
　次のような語は、エ列の長音として発音されるか、エイ、ケイなどのように発音されるかにかかわらず、エ列の仮名に「い」を添えて書く
　例　かれい　せい（背）
　　　かせいで（稼）　まねいて（招）　春めいて
　　　へい（塀）　めい（銘）　れい（例）
　　　えいが（映画）　とけい（時計）　ていねい（丁寧）

　このルールは、強制力があるわけではなく、公的性格をもつ文書を書く際の指針として示されているものです。したがって、必要があれば一部を変更して利用してもかまいません。
　なお、詳細については、文化庁HP⇒「国語施策情報」⇒「内閣告示・内閣訓令」⇒「現代仮名遣い」を参照してください。

かなづかいに誤りがある例

　下記の例文は、前出の「現代仮名遣い」の規則に照らすと、かなづかいに誤りがあります。

〈例文①〉
　1日の作業が終わったら、必ず作業台をかたずけてください。

〈例文②〉
　インストールは、操作マニュアルに記されているとうりに行ってください。

〈例文③〉
　どうゆうやり方にするかは、メンバー個人に任されています。

　これらの例文は、以下のようにかなづかいを直す必要があります。

〈例文①の改善例〉
　1日の作業が終わったら、必ず作業台をかたづけてください。

〈例文②の改善例〉

インストールは、操作マニュアルに記されているとおりに行ってください。

〈例文③の改善例〉

どういうやり方にするかは、メンバー個人に任されています。

間違えやすいかなづかいの例

間違えやすいかなづかいの例を次の図表に示すので、よく見ておいてください（下記の中には、通常は漢字で書く語も含まれています）。

図表7.6 間違えやすいかなづかいのリスト

間違っている表記	正しい表記
どうゆう	どういう
かたずく	かたづく
もとずく	もとづく
とうり	とおり
さへ	さえ
まづ	まず
むづかしい	むずかしい
おうきい	おおきい
いづれ	いずれ
つずく	つづく
ぢめん	じめん
なほ	なお
どおし	どうし
etc.	

このほか、かなづかいについては、「zu」の音を表す場合は原則として「ず」と表記し、「zi」の音を表す場合は原則として「じ」と表記するということも覚えておいてください。ただし、濁る前の音が「つ」や「ち」の場合は、「づ」や「ぢ」と表記します。「現代仮名遣い」には、このほかにも細かい例外規定があるので、一とおり目を通しておくとよいでしょう。

Section 7

送りがなのつけ方(「送り仮名の付け方」を参考に)

送りがなのつけ方については、国語審議会での検討を経て文化庁によって策定されて1973年に内閣告示され、1981年に改定され、2010年に一部改定された「送り仮名の付け方」という公的なルールがあるので、基本的にそれに従うのがよいと考えられます。

このSectionでは、そのルールを踏まえながら、下記のトピックについて説明します。

- **基本的に「送り仮名の付け方」のルールに従う**
- **「許容」について知っておく**
- **間違えやすい送りがなの例**

基本的に「送り仮名の付け方」のルールに従う

送りがなのつけ方については、「送り仮名の付け方」のルールに従うのがよいと考えられます。

このルールは7つの「通則」から成っており、各通則が「本則」、「例外」、「許容」によって構成されています。参考までに、「送り仮名の付け方」の本文の最初の部分を次の図表に示しておきます。

ただし、実際の場面で自信のない送りがなが出てきた場合は、「送り仮名の付け方」を参照するよりは、国語辞典（紙版または電子版）を調べるほうが簡単です（市販の「国語辞典」は、「送り仮名の付け方」に従って送りがなが表記されています）。

☆インターネット上の国語辞書には「送りがなの付け方」に従って表記されていないものもあるので、注意してください。市販の国語辞典の電子版であれば、問題はないでしょう。

図表7.7　「送り仮名の付け方」の最初の部分

単独の語
1　活用のある語
通則1
本則　活用のある語（通則2を適用する語を除く。）は、活用語尾を送る。
〔例〕　憤る　承る　書く　実る　催す
生きる　陥れる　考える　助ける
荒い　潔い　賢い　濃い
主だ

例外(1)　語幹が「し」で終わる形容詞は、「し」から送る。
〔例〕　著しい　惜しい　悔しい　恋しい　珍しい

(2)　活用語尾の前に「か」、「やか」、「らか」を含む形容動詞は、その音節から送る。
〔例〕　暖かだ　細かだ　静かだ
穏やかだ　健やかだ　和やかだ
明らかだ　平らかだ　滑らかだ　柔らかだ

(3)　次の語は、次に示すように送る。
明らむ　味わう　哀れむ　慈しむ　教わる　脅かす（おどかす）
脅かす（おびやかす）　関わる　食らう　異なる　逆らう　捕まる
群がる
和らぐ　揺する
明るい　危ない　危うい　大きい　少ない　小さい　冷たい　平たい
新ただ　同じだ　盛んだ　平らだ　懇ろだ　惨めだ
哀れだ　幸いだ　幸せだ　巧みだ

許容　次の語は、（　　）の中に示すように、活用語尾の前の音節から送ることができる。
表す（表わす）　著す（著わす）　現れる（現われる）　行う（行なう）

断る（断わる）　賜る（賜わる）

（注意）　語幹と活用語尾との区別がつかない動詞は、例えば、「着る」、「寝る」、「来る」などのように送る。

通則2

本則　活用語尾以外の部分に他の語を含む語は、含まれている語の送り仮名の付け方によって送る。（含まれている語を〔　〕の中に示す。）

〔例〕（1）　動詞の活用形又はそれに準ずるものを含むもの。

動かす〔動く〕　照らす〔照る〕
語らう〔語る〕　計らう〔計る〕　向かう〔向く〕
浮かぶ〔浮く〕
生まれる〔生む〕　押さえる〔押す〕　捕らえる〔捕る〕
勇ましい〔勇む〕　輝かしい〔輝く〕　喜ばしい〔喜ぶ〕
晴れやかだ〔晴れる〕
及ぼす〔及ぶ〕　積もる〔積む〕　聞こえる〔聞く〕
頼もしい〔頼む〕
起こる〔起きる〕　落とす〔落ちる〕
暮らす〔暮れる〕　冷やす〔冷える〕
当たる〔当てる〕　終わる〔終える〕　変わる〔変える〕
集まる〔集める〕　定まる〔定める〕　連なる〔連ねる〕
交わる〔交える〕
混ざる・混じる〔混ぜる〕
恐ろしい〔恐れる〕

（2）　形容詞・形容動詞の語幹を含むもの。

重んずる〔重い〕　若やぐ〔若い〕
怪しむ〔怪しい〕　悲しむ〔悲しい〕　苦しがる〔苦しい〕
確かめる〔確かだ〕
重たい〔重い〕　憎らしい〔憎い〕　古めかしい〔古い〕
細かい〔細かだ〕　柔らかい〔柔らかだ〕
清らかだ〔清い〕　高らかだ〔高い〕　寂しげだ〔寂しい〕

（3）　名詞を含むもの。

汗ばむ〔汗〕　先んずる〔先〕　春めく〔春〕
男らしい〔男〕　後ろめたい〔後ろ〕

許容　読み間違えるおそれのない場合は、活用語尾以外の部分について、次の〔　〕の中に示すように、送り仮名を省くことができる。

〔例〕　浮かぶ〔浮ぶ〕　生まれる〔生れる〕　押さえる〔押える〕
捕らえる〔捕える〕　晴れやかだ〔晴やかだ〕
積もる〔積る〕　聞こえる〔聞える〕
起こる〔起る〕　落とす〔落す〕　暮らす〔暮す〕　当たる〔当る〕
終わる〔終る〕　変わる〔変る〕

（注意）　次の語は、それぞれ〔　〕の中に示す語を含むものとは考えず、通則1によるものとする。
明るい〔明ける〕　荒い〔荒れる〕　悔しい〔悔いる〕　恋しい〔恋う〕
<後略>

このルールも、「現代仮名遣い」と同様に、強制力があるわけではなく、公的な性格をもつ文書を書く際の指針として示されているものです。したがって、必要があれば一部を変更して利用してもかまいません。たとえば、「きたる」と「きたす」については、「送り仮名の付け方」のルールに従うと「来る」と「来す」になりますが、読み間違える人が多いため、「来たる」および「来たす」と表記するほうが親切かもしれません。

なお、詳細については、文化庁HP⇒「国語施策情報」⇒「内閣告示・内閣訓令」⇒「送り仮名の付け方」を参照してください。

「許容」について知っておく

「送り仮名の付け方」の内容について注意が必要なのは、「許容」をどうとり扱うかという点です。下記の例を見てください。

〈例文①〉

あらわす〔表す〕：はっきりわかるように表現すること。送り仮名は「表わす」とも。

〈例文②〉

おわる〔終（わ）る〕：そのときまで続いていたことがやむこと。

この2つは、国語辞典からとったものです。これらの例文を見ると、2種類の「許容」があることがわかります。例文1の「わ」は追加してもよいという許容であり、例文2の「わ」は省いてもよいという許容です。許容については、こちらの許容は採用し、あちらの許容は採用しない、というようにバラバラに決めるのではなく、全体として「採用する」か「採用しない」かのどちらかに決めておくのがよいでしょう。本書がおすすめするのは、「どちらの許容も採用しないが、読みやすさを考慮していくつかの例外を設ける」方法です

間違えやすい送りがなの例

「送り仮名の付け方」に従う場合に間違えやすい送りがなの例を、次の図表に示すので、見ておいてください。

図表7.8 間違えやすい送りがなのリスト

間違っている表記	正しい表記
怠たる	怠る
考る	考える
失なう	失う
明か	明らか
誤まり	誤り
新らしい	新しい
伴なう	伴う
扱かう	扱う
著るしい	著しい
確める	確かめる
異る	異なる
向う	向かう
押える	押さえる
及す	及ぼす
危い	危ない、危うい
etc.	

Section 8 漢字の使用範囲(「常用漢字表」を参考に)

日本語で使われる漢字には、表意性（漢字が言葉の意味を表す性質）という大きなメリットがあります。だからといって、漢字を多用すると、読めない漢字や意味のわからない漢字が多くなって文章の読みやすさが低下してしまいます。技術文章を書く際に、漢字のメリットを活かしながらデメリットを最小限にするには、1981年に内閣告示され2010年に一部改定された「常用漢字表」に記された範囲の漢字を使うのがよいと考えられます。

このSectionでは、そのルールを踏まえながら、下記のトピックについて説明します。

- **「常用漢字表」を利用して漢字の使用範囲を限定する**
- **「常用漢字表」の概要を知る**
- **不確かなものは国語辞典で調べる**

「常用漢字表」を利用して漢字の使用範囲を限定する

技術文章では、読者にとって読みにくい漢字の使用を避ける必要があります。文章の中に読めない漢字があると、文章全体の意味がわからなくなる恐れがあるからです。次の例文を見てください。

〈例文〉

閾値が上がると、感覚が鈍くなります。

例文中で下線がついている「閾値」は生物学や心理学の専門用語で「いきち」と読みます。また、情報処理の分野では、「しきいち」と読みます。この言葉の基本的な意味は「ある刺激に反応しうる限界の値」ですが、情報処理の分野では、「境界値」の意味で使われます。この字が読めない人は、この語の意味がわからず、この文の意味も理解できないでしょう（もちろん、字が読めたからといって、言葉の意味がわかるとは限りませんが）。そういう場合は、その言葉を知っていそうな人に聞くか、それとも普段使い慣れない漢和辞典で調べるしかありません（読み方がわからなくては、国語辞典で調べることができないので）。これは、読者にとって大きな負担になります。

最近では、ほとんどの人がパソコンやタブレットなどの情報端末を使って技術文章を執筆します。情報端末には文字変換用のソフトウエアが組み込まれているため、手では書けない（よく覚えていない）漢字も簡単に出してくれます。そのため、手書きのときよりも、文章中の漢字が多くなる傾向があります。

漢字の使用については、自分が知っているかどうかではなく、読者のほとんどが知っているかどうかを考えることが大切です。その際に、判断の指針として役立つのが「常用漢字表」です。

現行の「常用漢字表」は、1947年以来使われていた「当用漢字表」が全面改訂され1981年に内閣告示された「常用漢字表」が改訂されて2010年に内閣告示されたものです。告示の「前書き」に、「1　この表は、法令、公用文書、新聞、雑誌、放送など、一般の社会生活において、現代の国語を書き表す場合の漢字使用の目安を示すものである」と記されています。また、「2　この表は、科学、技術、芸術その他の各種専門分野や、個々人の表記にまで及ぼそうとするものではない。ただし、専門分野の語であっても、一般の社会生活と密接に関連する語の表記については、この表を参考にすることが望ましい」とも記されています。技術文章も社会的性格の強いものですから、「常用漢字表」の範囲内で漢字を使用するのがよいと考えられます。ちなみに、「閾」は常用漢字ではありません。

ただし、「前書き」の中に「この表の運用に当たっては、個々の事情に応じて適切な考慮を加える余地のあるものである」という記述もありますから、必要に応じて一部を変更してもかまいません。

「常用漢字表」の概要を知る

2010年に改定された常用漢字表の本表は、2136字（以前の「常用漢字表」に196字を追加し５字を削除）の漢字を音読みを基本として50音順に並べたものです。一つ注意が必要なのは、「常用漢字表」は漢字とそれの読み方をセットにした一覧表であって、漢字自体の一覧表ではないということです。たとえば、「戦」という漢字は、「常用漢字表」には「セン」（音読み）という読み方と「いくさ」および「たたかう」（訓読み）という読み方しか載っていません。ですから、「常用漢字表」の範囲内で漢字を使うとすれば、「戦ぐ」と書いて「そよぐ」（「風に戦ぐ」など）と読ませるような使い方はできません。

常用漢字表には、本表のほかに「付表」が示されています。これは、たとえば「今日（きょう）」とか「時計（とけい）」のように、本表に照らすとその読み方はできないけれど一般化してしまっている読み方の漢字を列記した表です。

「常用漢字表」とはどんなものか具体的に知っていただくために、「常用漢字表」の「本表」の最初と最後の部分を次の図表に示しておきます。また、図表7.10に付表全体を示しておきます。

大学の講義や企業研修で「常用漢字表の本表と付表の中身を覚えておいたほうがよいでしょうか？」という質問を受けることがあります。そういうときは、「人間の脳の記憶領域には限りがあるので、それはやめたほうがよいでしょう。そのかわり、その情報が記憶されている“外部記憶装置”にいつでもアクセスできるようにしておくことが大事です」と答えています。もちろん、ここで言う外部記憶装置とは、文化庁のWeb サイトのことです。

余談ですが、PCやスマホの「お気に入り」に、総務省の“e-Gov法令検索”、文化庁の“内閣告示・訓令”、特許庁の“特許情報プラットフォーム”といった有用な情報ソースを多数登録して必要なときにすぐにアクセスできるようにしておくと、大変便利です。

図表7.9　常用漢字表（本表）の最初の部分と最後の部分

漢　字	音　訓	例	備　　考
亜（亞）	ア	亜流，亜麻，亜熱帯	
哀	アイ あわれ あわれむ	哀愁，哀願，悲哀 哀れ，哀れな話，哀れがる 哀れむ，哀れみ	
挨	アイ	挨拶	
愛	アイ	愛情，愛読，恋愛	愛媛（えひめ）県
曖	アイ	曖昧	
悪（惡）	アク オ わるい	悪事，悪意，醜悪 悪寒，好悪，憎悪 悪い，悪さ，悪者	
握	アク にぎる	握手，握力，掌握 握る，握り，一握り	
圧（壓）	アツ	圧力，圧迫，気圧	
扱	あつかう	扱う，扱い，客扱い	
宛	あてる	宛てる，宛先	⇔ 当てる，充てる
嵐	あらし	嵐，砂嵐	
安	アン やすい	安全，安価，不安 安い，安らかだ	
案	アン	案文，案内，新案	
暗	アン くらい	暗示，暗愚，明暗 暗い，暗がり	
以	イ	以上，以内，以後	
衣	イ ころも	衣服，衣食住，作業衣 衣，羽衣	浴衣（ゆかた）

漢　字	音　訓	例	備　考
論	ロン	論証，論理，議論	
和	ワ 　オ やわらぐ やわらげる なごむ なごやか	和解，和服，柔和 和尚 和らぐ 和らげる 和む 和やかだ	日和（ひより） 大和（やまと）
話	ワ はなす はなし	話題，会話，童話 話す，話し合い 話，昔話，立ち話	
賄	ワイ まかなう	収賄，贈賄 賄う，賄い	
脇	わき	脇腹，両脇	
惑	ワク まどう	惑星，迷惑，誘惑 惑う，惑い	
枠	わく	枠，枠内，窓枠	
湾（灣）	ワン	湾内，湾入，港湾	
腕	ワン うで	腕章，腕力，敏腕 腕，腕前，細腕	

図表7.10 常用漢字表の付表（全体）

※以下に挙げられている語を構成要素の一部とする熟語に用いてもかまわない。

例「河岸（かし）」→「魚河岸（うおがし）」
「居士（こじ）」→「一言居士（いちげんこじ）」

あす	明日	かわせ	為替
あずき	小豆	かわら	河原 川原
あま	海女 海士	きのう	昨日
いおう	硫黄	きょう	今日
いくじ	意気地	くだもの	果物
いなか	田舎	くろうと	玄人
いぶき	息吹	けさ	今朝
うなばら	海原	けしき	景色
うば	乳母	ここち	心地
うわき	浮気	こじ	居士
うわつく	浮つく	ことし	今年
えがお	笑顔	さおとめ	早乙女
おじ	叔父 伯父	ざこ	雑魚
おとな	大人	さじき	桟敷
おとめ	乙女	さしつかえる	差し支える
おば	叔母 伯母	さつき	五月
おまわりさん	お巡りさん	さなえ	早苗
おみき	お神酒	さみだれ	五月雨
おもや	母屋 母家	しぐれ	時雨
かあさん	母さん	しっぽ	尻尾
かぐら	神楽	しない	竹刀
かし	河岸	しにせ	老舗
かじ	鍛冶	しばふ	芝生
かぜ	風邪	しみず	清水
かたず	固唾	しゃみせん	三味線
かな	仮名	じゃり	砂利
かや	蚊帳	じゅず	数珠

じょうず　上手
しらが　白髪
しろうと　素人
しわす（「しはす」とも言う。）　師走
すきや　数寄屋／数奇屋
すもう　相撲
ぞうり　草履
だし　山車
たち　太刀
たちのく　立ち退く
たなばた　七夕
たび　足袋
ちご　稚児
ついたち　一日
つきやま　築山
つゆ　梅雨
でこぼこ　凸凹
てつだう　手伝う
てんません　伝馬船
とあみ　投網
とうさん　父さん
とえはたえ　十重二十重
どきょう　読経
とけい　時計
ともだち　友達
なこうど　仲人
なごり　名残
なだれ　雪崩
のりと　祝詞
はかせ　博士
はたち　二十／二十歳
はつか　二十日
はとば　波止場
ひとり　一人
ひより　日和
ふたり　二人
ふつか　二日
ふぶき　吹雪
へた　下手
へや　部屋
まいご　迷子
まじめ　真面目
まっか　真っ赤
まっさお　真っ青
みやげ　土産
むすこ　息子
めがね　眼鏡
もさ　猛者
もみじ　紅葉
もめん　木綿
もより　最寄り
やおちょう　八百長
やおや　八百屋
やまと　大和
やよい　弥生
ゆかた　浴衣

にいさん	兄さん	ゆくえ	行方
ねえさん	姉さん	よせ	寄席
のら	野良	わこうど	若人

なお、詳細については、文化庁HP⇒「国語施策情報」⇒「内閣告示・内閣訓令」⇒「常用漢字表」を参照してください。

不確かなものは国語辞典で調べる

「常用漢字表」の範囲内で漢字を使用するために表の中身を全部覚えるのは大変です。もちろん、そんな必要はありません。国語辞典（紙版または電子版）を引けば、使おうとする漢字が常用漢字かどうかすぐにわかるからです。ただし、「常用漢字表」は2010年の末に改訂されているので、その内容が反映された国語辞典を使う必要があります。「常用漢字表」が反映された国語辞典かどうかは、辞典の最初にある「本書の使い方」（辞典によって少々タイトルが異なる場合もある）の説明を読めばわかります。

次の２つの例を見てください。

〈国語辞典の用語解説例①〉

でんぱ〔伝播×〕：伝わり広がっていくこと

かくはん〔攪×拌×〕：かき混ぜること

この２つの例は、国語辞典から抜粋したものです。注目していただきたいのは、「播」と「攪」と「拌」の右上に×印がついていることです。×は「常用漢字表にその漢字自体がない」ことを表します。常用漢字表にその字がないのですから、×のついている漢字は使わないようにするか、振りがなを振るようにしたほうがよいでしょう。

次に、別の例を３つ示します。

〈国語辞典の用語解説例②〉

しかるべき〔然△るべき〕：そうするのが当然であること。

やめる〔止△める〕：今まで続けていたことを行わないようにすること。

ごと〔毎△〕：「～のたびに」の意。

上記の例の「然」、「止」、「毎」の右上についている△は、「常用漢字表にその字はあるが、その読み方がない」ことを意味します。常用漢字表にその読み方がないのですから、△のついている漢字をその読み方で使うのはやめたほうがよいでしょう。逆に言うと、国語辞典を引いて見出し語の漢字に×も△もついていなければ、常用漢字表にその漢字があり、その読み方があるということになります。

要するに、少し難しい漢字については、国語辞典を引いてその読みの漢字に△や×がついていないかどうかをチェックし、使うかどうかを判断すればよいのです。

ただ、最近のオンラインの国語辞典は、漢字に「△」や「×」が付記されていないものもあるので、「常用漢字表」へのリンクをパソコンなどのお気に入りに入れておいて、そちらを参照したほうがよいでしょう。

Chapter 8

わかりやすい技術文章を書くための文法知識を知ろう

このChapterでは、実際に文章を書く際に留意すべき文法知識について説明します。文法という言葉を聞くと「さ行変格活用」といった文法用語が思い浮かんで、拒否反応が出る人がいるかもしれません。その点を踏まえ、このChapterの文法関係の説明は、外国人を対象とする日本語教育用の手引き書から重要性が高いと判断した文法関係のトピックを洗い出して、技術文章の執筆に役立つように再構成してあります。

このChapterを読むことで、技術文章を書く際に役立つ文法関係の知識を習得して実際の場面で活用できるようになります。

- **文の基本構造の作り方**
- **文の構造を明らかにする句読点の打ち方**
- **わかりやすく誤解を招かない修飾語の並べ方**
- **主語のあとにつける「は」と「が」の適切な使い方**
- **目的語などのあとにつける「を」と「が」の適切な使い方**
- **文の出だしと結びの対応のさせ方**
- **能動態と受動態の適切な使い分け**
- **形容詞と形容動詞の使い分け**

Section 1 文の基本構造の作り方

Chapter5で説明したように、技術文書の基本的な構成単位はモジュール（独立的に機能することができる説明単位）であり、モジュールの主要な構成単位は技術文章です。そして、文章の基本構成単位は文（センテンス）です。

このSectionでは、文の基本構造を作るために知っておくべき下記のトピックについて説明します。

- **文の基本的な構造パターン**
- **基本的な構造パターンだけでの執筆**
- **基本的な構造パターンの混成比率**
- **より複雑な構造パターン**
- **わかりにくい構造の文**

文の基本的な構造パターン

文には構造パターンが何種類もありますが、基本パターンは次の図表に示す３種類だけです。あとのパターンはこれらを組み合わせたものなので、この3つさえ完全に理解してしまえば、自分の望むように文の構造を組み立てることができるようになります。

「中学生のときに習ったような基礎レベルの話だなあ」と思う人もいるかもしれませんが、英語の構文（センテンスの組み立て方）を習得した日本人が正しい構造の英文を書くことができるようになるのと同様、日本語の文章を書く場合も「文の構造を作る」という発想が必要なのです。

次の図に、文の基本的な構造パターンを示します。

図表8.1　文の基本的な構造パターン

〈パターン①：単文〉

生産管理システムが　緊急停止しました。
（主部）　（述部）

〈パターン②：重文〉

グループAが　インバウンドコールを担当し、・・・・・・・・・・・・・主節（単文）
（主部）　（述部）
グループBが　アウトバウンドコールを担当します。・・・・・・・・・・主節（単文）
（主部）　（述部）

〈パターン③：複文〉

ポリ乳酸の注入タイミングが　わずかに遅れたため、・・・・・・・従属節（単文）
（主部）　（述部）
成型ムラが　生じてしまいました。・・・・・・・・・・・・・・・・・・・・主節（単文）
（主部）　（述部）

ここで使っている「節」という言葉は、主部と述部からなり単文として独立させることが可能な単位を意味します。また、「単文」とは、「主部」とそれに対応する「述部」で構成されているもっとも単純な構造の文のことです。「重文」とは、単文が2つ以上連なって出来ている文のことです。ここで使った「連なって」という表現は、どの単文も対等の関係にあることを意味します。つまり、重文を構成する単文はいずれも「主節」だということです。「複文」とは、複数の単文から出来ていて、そのうちのどれか1つが主節であり、それ以外がそれを補足する従属節である文のことです。

なお、この図表に示したパターン③の複文は従属節が副詞節として主節全体にかかるタイプですが、下記の例文ように、従属節が形容詞節として主節の中の名詞を修飾するタイプの複文もあります。

〈例文〉

クライアントから提出を求められた見積り明細書は、明日出来上がります。
（従属節）

この例文では、文全体が主節であり、「クライアントから提出を求められた」という従属節の部分が「見積り明細書」という主節内の名詞を修飾する形容詞節になっています。

基本的な構造パターンだけでの執筆

技術文章を書き慣れていない人やどうもうまく書けないという人には、上記の3つの基本パターンだけで文章を書くことをおすすめします。高望みをしてより複雑な構造の文を書こうとすると、とたんにわかりにくい文になってしまいます。技術文章ではわかりやすさが重要なので、この3種以外のより複雑な構造の文を書く必要は基本的にありません。

まず、3つの基本パターンをしっかり覚えて自在に使えるようになってください。

基本的な構造パターンの混成比率

単文（パターン①）だけで文章を構成すると、各文の意味は理解しやすくなりますが、文と文とのつながりを理解するのにより多くの手間がかかってしまいます。また、重文（パターン②）や複文（パターン③）ばかりの文章にすると、一つひとつの文の意味を理解するのに手間がかかるため、文章の流れが読みとりにくくなります。

筆者たちがこれまでに執筆や編集に関わった多くの技術文章を解析した結果、わかりやすい技術文章は、単文と複文（重文を含む）がバランスよく混ぜられていることがわかっています。その比率は、およそ1：0.5から1：2の間です。もちろん、この比率は、文書の種類、読者の知識レベル、執筆者の作文能力によって変わってきます。一般的に、「幼稚だ」と評される文章は上記の比率の右側が0.5未満であるケースが多く、「難解だ」と言われる文章は比率の右側が2を超えているケースが多いようです。次の図表に、このイメージを示しておきます。

図表8.2　基本的な構造パターンの混成比率と文章の特性の変化

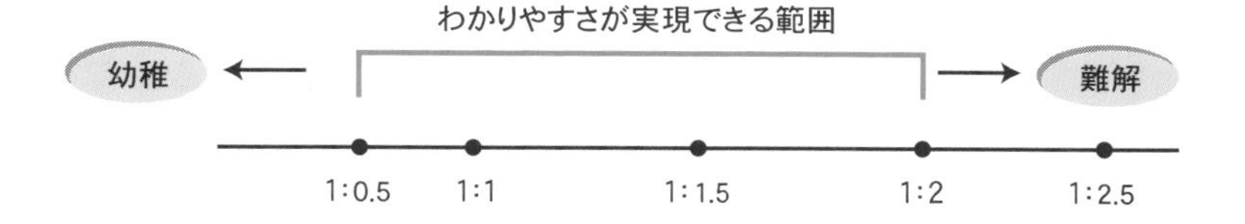

より複雑な構造パターン

文の基本的な構造パターンは前に示した3つですが、実際の文章ではそれらを組み合わせたより複雑な文が多く存在します。次の図表に示す例を使って、複雑な文の構造について説明しましょう。

図表8.3　より複雑な文の構造

<例文①>

生産管理システムが緊急停止したため部品の組み立てがストップしていましたが、（従属節）
まもなく組み立てが再開されました。（主節）
・・・複文と単文を組み合わせた複文

<例文①を分解して単純化した例>

生産管理システムが緊急停止したため、（従属節）部品の組み立てがストップしていました。（主節）・・・複文
しかし、まもなく組み立てが再開されました。・・・・・・・・・・・・・・・・・・単文

<例文②>

登録した個人情報を変更したい場合は「登録情報の変更」をクリックし、（主節）
登録した個人情報を削除したい場合は「登録情報の削除」をクリックします。（主節）
・・複文が2つ連なった重文

<例文②を分解して単純化した例>

登録した個人情報を変更したい場合は、（従属節）「登録情報の変更」をクリックします。（主節）・・・・・複文
登録した個人情報を削除したい場合は、（従属節）「登録情報の削除」をクリックします。（主節）・・・・・複文

例文①は、複文の従属節の部分が「従属節＋主節」つまり複文になっているケースです。また、例文②は、「従属節＋主節」の複文が２つ連なった重文です。どちらの文もそれほど読みとりにくくはありませんから、技術文章にこの程度の構造の文を入れることは可能です。しかし、文章を書くことがあまり得意ではない人がこのようなより複雑な構造の文を書こうとすると、わかりにくい文になってしまう恐れがあります。ですから、前にも述べたように、前出の３つの構造パターンだけを使って文章を書くよう心がけてください。そうすれば、だれが読んでも内容が理解できる文章を書くことができます。

わかりにくい構造の文

「わかりにくい構造の文」とは、文中の節どうしの関係や各節の役割（主節なのか従属節なのか）が不明確な文を意味します。読み手は無意識のうちに構文解析をしながら文を読んでいます。ですから、文中の節どうしの関係や各節の役割が不明確だと、書き手が何を言いたいのかよくわからなくなってしまいます。これは、文章をわかりにくくする大きな原因の一つです。

次に示す例文を見てください。

〈例文〉

医療情報提供システムに一番必要なのは正しい情報の提供だが、
（従属節）
病院関係者に価値を認めてもらうにはそれだけでは不十分であり、
（主節・従属節）
システムの使い勝手のよさが不可欠である。
（主節）

この文をよく読めばなんとなく意味はわかりますが、何が一番言いたいのかよく理解できません。その根本原因は、１行目の節と２行目の節との関係、そして２行目の節と３行目の節の関係がはっきりしないことです。この問題点を解決する方法はいくつかありますが、ここでは次の改善例のように前記の基本パターンに当てはまる２つの文に分解したほうがよいと考えられます。

〈例文の改善例〉

医療情報提供システムに一番必要なのは正しい情報の提供だが、
（従属節）
病院関係者に価値を認めてもらうにはそれだけでは不十分である。 ・・複文
（主節）
このほかに、システムの使い勝手のよさが不可欠である。・・・・・・・単文

このSectionで説明した文の構成法は一見難しそうですが、一度理解してしまえば容易に使いこなせるようになります。まず、これまでに書いた技術文章の各文（センテンス）の構造を解析することから始めてみてください。そうすれば、これまで自分がどのような構造の文を書いていたのか、これからどういう構造の文を書けばよいのかが見えてくるはずです。

Section 2 文の構造を明らかにする句読点の打ち方

句読点は、各文の内容を理解しやすくし文章を読みやすくするためのものです。読点については「息の切れ目に打つ」といった考え方もありますが、「息の切れ目」という感覚は人によってさまざまで、読点を打った人と読む人が同じところで息継ぎをするという保証はありません。

このSectionでは、「句点は文の切れ目を明らかにし、読点は文の論理構造を明らかにするための標識である」という考え方に基づいて、下記のトピックについて説明します。

- **句点の基本的な打ち方**
- **読点の基本的な打ち方**

句点の基本的な打ち方

句点は文（センテンス）の切れ目を示すために打つものであり、打ち方で悩むことは基本的にありません。ただし、次の例文のようなケースについては注意が必要です。

〈例文〉

メーカーからの要求仕様書には、金属の材質はアルミニウム100 %とする。断面幅の誤差は±0.03 mm以内とする、との指示が記されています。

ここで問題になるのは、「～100 %とする」のあとにある句点です。この句点は、実は「メーカーからの要求仕様書には、～との指示が記されています」という１つの文の中に挿入されている２つの文（「金属の材質はアルミニウム100 %とする」と「断面幅の誤差は±0.03 mm以内とする」）の間の区切りです。この種の表現方法は、文法的に間違いとは言えませんが、誤解を招く恐れがあるため、技術文章では使用しないほうがよいと考えられます。

前記の例文の改善例を２通り示しておきます。

〈例文の改善例①〉

メーカーからの要求仕様書には、「金属の材質はアルミニウム100 ％とする。断面幅の誤差は±0.03 mm以内とする」との指示が記されています。

〈例文の改善例②〉

メーカーからの要求仕様書には、金属の材質はアルミニウム100 ％とし、断面幅の誤差は±0.03 mm以内とする、という旨の指示が記されています。

改善例②は、原文どおりの引用ではなくなっていることを示すために、「～という旨の指示が記されています」という表現に変えてあります。

読点の基本的な打ち方

文（センテンス）の中の「論理の切れ目」に読点を打てば、文章が読みやすくなり、内容も理解しやすくなります。「論理の切れ目」に読点が打たれていると、文の構造を把握する手助けとなるからです。

次の図表に、文の中で読点を打つことのできる場所と読点を打った例文を示します。

図表8.4　文の中で読点を打つことのできる場所と例文

文の中で読点が打てる場所	例文
複文または重文の各節の間	プログラムコードにバグがあるため、正常に動作しません。
挿入節の前後 （従属接が主節の中に入り込んでいるケース）	問題点を見つけ出すには、前の節に示したとおり、分析チャートの手順に従って洗い出しを進めなければならない。
文頭の接続詞のあと	しかし、この作業を手動で行うのは危険です。
長い主語のあと （単文の主語が長い場合）	１つのフェーズが終了するたびにメンバーが集まって会議を開くのは、時間のムダです。
強調したい主語のあと	このフェーズが、特に重要です。
複文や重文の各節に共通する主語のあと	Bチームは、Aチームのバックサポートを担当しますが、独自の開発プロジェクトの立ち上げも行います。
長い目的語のあと （単文の目的語が長い場合）	慣れている操作方法をユーザー側が選択できるようにするオプション機能を、追加してください。

特定化または限定化を目的とする句（「17：00までに」「このステップでは」など）のあと	管理者の許可が出るまでは、変更作業を開始しないでください。
引用表現や結論的表現のあと	この企画案には新規性がないため採用できない、というのが委員会の結論です。
３つ以上の語句を並列させる場合に各語句のあと（最後の語句を除く）	中国の上海、ベトナムのホーチミン、およびマレーシアのクワラルンプールが現時点での候補地です。

ここに示した以外にも、読点を打つことが可能な場所はありますが、まずはこの10個の打ち方を覚えてください。ただし、上記の場所にすべて読点を打つと、かえって文の論理構造がわかりにくくなる場合もあります。

次に示す例文とその改善例を見てください。

〈例文〉

顧客データベースに登録されている法人顧客情報を修正したい場合は、「法人顧客情報の変更」をクリックし、登録されている法人顧客情報を削除したい場合は、「法人顧客情報の削除」をクリックします。

〈例文の改善例〉

顧客データベースに登録されている法人顧客情報を修正したい場合は「法人顧客情報の変更」をクリックし、登録されている法人顧客情報を削除したい場合は「法人顧客情報の削除」をクリックします。

※この文は基本３パターンよりも複雑な構造の文なので、読点の所で２文に分けることも可能です。

この改善例では、「～したい場合は」という「特定化または限定化を目的とする句のあと（図表8.4を参照）につける読点を省くことによって、重文の節と節の切れ目がわかりやすくなるように配慮しています。この例からわかるように、読点を打つときに大切なのは、文中で読点を打つことが可能な場所のうちのどこに打ってどこに打たないかを適切に判断する必要があるということです。その際の判断基準となるのは、「読点の数が多くなりすぎる場合は、大きな論理の切れ目を優先させて小さな論理の切れ目の読点を省く」ことです。

Section 3 わかりやすく誤解を招かない修飾語の並べ方

修飾語を適切な順序で並べないと、読者が文章の意味をとり違えてしまう恐れがあります。また、１つの被修飾語にいくつもの修飾語をつけると、どのように並べても意味がとりにくくなってしまいます。

このSectionでは、修飾語を誤解のないように使うために知っておく必要のある下記のトピックについて説明します。

- **修飾語の基本的な並べ方**
- **１つの被修飾語につける修飾語は２つまで**
- **修飾語の順序を入れ替えても誤解される恐れのあるケース**

修飾語の基本的な並べ方

１つの被修飾語（修飾される側の語）を修飾する語句（修飾語）が複数ある場合には、それらを適切な順序で並べる必要があります。この順序が不適切だと、文章の意味が読みとりにくくなり、読者に誤解を与える恐れがあります。

修飾語の並べ方には定説と呼べるほどのルールはありませんが、次の３つのルールを適用すれば、ほぼ誤解なく意味を伝えることができます。

図表8.5　修飾語の並べ方の基本ルール

ルール１：動詞を含む修飾語を前にし、含まない修飾語をあとにする <順序が不適切な例> デンマーク製の 小型の 最近開発された 検査装置 を導入します。 <改善例> 最近開発された デンマーク製の 小型の 検査装置を導入します。
ルール２：長い修飾語を前にし、短い修飾語をあとにする <順序が不適切な例> 時計と逆回りに 90度 正面のハンドルを 回します。 <改善例> 正面のハンドルを 時計と逆回りに 90度 回します。

ルール３：重要な修飾語を前にもってくる
<順序が不適切な例>
カラー補正の最適化を目的とした 品質上の問題を指摘された プリンター用の ソフトウエアを改良しなければなりません。
<改善例>
品質上の問題を指摘された カラー補正の最適化を目的とした プリンター用の ソフトウエアを改良しなければなりません。

※下線がついている語が修飾語であり、二重下線がついている語が被修飾語（修飾される語）です。また、被修飾語となりうるのは、名詞、動詞、形容詞の３つです。

１つの被修飾語につける修飾語は２つまで

図表8.5では、修飾語の並べ方の基本ルールを理解していただくために、修飾語が３つついた例文を示しました。しかし、実際に文章を書くときは、３つの基本ルールの前に「１つの被修飾語につける修飾語を２つまでにする」という原則ルールを適用してください。そうすれば、修飾語の順序のせいで誤解が生じる可能性を大幅に減らせるからです。

たとえば、図表8.5のルール３に示した改善例の文は、下記のように構造を変えたほうがはるかに意味がわかりやすくなります。

〈修飾語を２つに減らすために構造を変えた文〉

品質上の問題を指摘されたため、カラー補正の最適化を目的としたプリンター用のソフトウエアを改良しなければなりません。

修飾語の順序を入れ替えても誤解される恐れのあるケース

修飾語を並べ替えても、誤解が生じるケースもあります。次の例文を見てください。

〈例文〉

中嶋氏は、新しいバクテリア増殖法を開発した 汚染土壌浄化研究センターの主幹研究員です。

この例文では、新しいバクテリア増殖法を開発したのが中嶋氏個人なのか汚染土壌浄化研究センターなのかがよくわかりません。「新しいバクテリア増殖法を開発した」と「汚染土壌浄化研究センターの」の順序を入れ換えると、今度は、「汚染土壌浄化研究センターの」が「新しいバクテリア増殖法」にかかるのか「主幹研究員」にかかるのかがよくわからなくなります。上記の例文の「新しいバクテリア増殖法を開発した」のあとに読点（、）を打つことで、すぐあとの「汚染土壌浄化研究センター」ではなく「主幹研究員」にかかるようにするというやり方もありますが、そこの読点（、）の意味を読者がそのように解釈してくれるとは限りません。

このようなケースでは、下記の改善例のように文の構造を変えたほうがはるかにわかりやすくなります。

〈例文の改善例①〉

新しいバクテリア増殖法を開発した中嶋氏は、汚染土壌浄化研究センターの主幹研究員です。

〈例文の改善例②〉

汚染土壌浄化研究センターの主幹研究員の中嶋氏が、新しいバクテリア増殖法を開発しました。

なお、上記の２つの改善例は、中嶋氏個人が新しいバクテリア増殖法を開発したことを前提としたものです。

Section 4 主語のあとにつける「は」と「が」の適切な使い方

主語のあとにつける副助詞の「は」と格助詞の「が」を適切に使い分けないと、文の意味がわかりにくくなります。両者の使い分けについては、既知の主語には「は」をつけ、未知の主語には「が」をつける、というのが従来の方法でしたが、「うまく適用できない」という声が根強くありました。この問題を解決するために、日本語教育関係の指導テキストと英文法を参考にして開発されたのがここで紹介する方法です。

このSectionでは、「は」と「が」の使い分けに関して知っておく必要のある下記のトピックについて説明します。

▶ **副助詞「は」の基本的な使い方と例外的な使い方**

▶ **格助詞「が」の基本的な使い方と例外的な使い方**

副助詞「は」の基本的な使い方と例外的な使い方

主語のあとに主語の具体的内容を説明する補語が来る場合は、原則として副助詞の「は」をつけます。次の例文を見てください。

〈例文①〉

セキュリティ対策は、プロバイダーにとって重要な顧客サービスの一つです。

この例文では、「セキュリティ対策」という主語のあとにその内容を具体的に説明する補語である「プロバイダーにとって重要な顧客サービスの一つ」が来ているので、「は」を使います。これを英文法の文型で表すと、「S（主語）＋V（be 動詞）＋C（補語）」になります（日本文ではVとCの位置が入れ替わります）。

もう一つの例文を見てください。

〈例文②〉

全品検査が、取引の前提条件です。

前記のルールから言えば、この例文の「が」は「は」にすべきですが、このケースでは「が」のほうが適しています。これは、主語の選別化または特定化を表す、つまり主語を特別扱いする例外的な用法です。ここでは、便宜上「原則的」と「例外的」という言葉を使っていますが、「例外的」な用例もかなり多く見られます。

※「初期出荷は、返品が生じやすい」や「キリンは首が長い」の「は」は、主語を表す助詞ではなく、説明の対象や範囲を限定するためのものであり、それぞれの文の主語は「返品が」と「首が」です。

格助詞「が」の基本的な使い方と例外的な使い方

主語のあとに行為や動作を表す一般動詞が来る場合は、原則として格助詞の「が」をつけます。

次の例文を見てください。

〈例文①〉

DVDドライブが故障しました。

この例文では、「DVDドライブ」という主語のあとに動作または行為を表す一般動詞である「故障する」が来ているので、「が」を使います。これを英文法の文型で表すと、「S（主語）＋V（一般動詞）」になります。一般動詞は、動作や行為の対象を表す目的語をとる「他動詞」（食べる、選ぶ、入力する、など）と目的語をとらない「自動詞」（走る、眠る、帰る、など）に分かれます。この場合の「故障する」は自動詞です。

もう一つの例文を見てください。

〈例文②〉

電圧センサーが電圧の変化を感知しました。

この文も、主語のあとに行為を表す一般動詞が来ているため「が」を使っています。ただし、ここの「感知する」は自動詞ではなく他動詞であるため、目的語が動詞の前に入っています。これを英文法の文型で表すと、「S（主語）+V（一般動詞）+O（目的語）」になります（日本文では、VとOの位置が入れ替わります）。

もう一つの例文を見てください。

〈例文③〉

ほとんどのメンバーが賛成しましたが、サブリーダーは賛成しませんでした。

原則から言えばこの例文の「は」は「が」にすべきですが、このケースでは「は」のほうが適しています。これは、主語の選別化または特定化を表す、つまり主語を特別扱いする例外的な用法と考えられます。ここでは、便宜上「原則的」と「例外的」という言葉を使っていますが、「例外的」な用例もかなり多く見られます。

ここまでの説明からおわかりいただけると思いますが、本来「は」を使うべき主語を「特定化」または「選別化」したい場合は「が」に変え、本来「が」を使うべき主語を「特定化」または「選別化」したい場合は「は」に変えればよいということです。

技術文章では基本的に情緒的な表現がないため、ここに示したルールを適用すればほとんど問題は起こりません。

Section 5 目的語などのあとにつける「を」と「が」の適切な使い方

近年になって、目的語または目的語に類する語につける助詞の「を」と「が」の使い分けが不適切な例を多く見かけるようになりました。このような状況になった最大の原因は、日本語の品詞の区別をよく理解していない英語教育者が間違った使い方を中学校や高校で教えてきたことにあるようです。

このSectionでは、「を」と「が」の使い分けに関して知っておく必要のある下記のトピックについて説明します。

- **日本語の品詞の一般的な分類**
- **目的語または目的語に類する語のあとにつける「を」の使い方**
- **目的語または目的語に類する語のあとにつける「が」の使い方**

日本語の品詞の一般的な分類

以降の説明には、いくつかの品詞が出てくるので、日本語における品詞の一般的な分類を次の図表に示しておきます。この図は、中学校の国語教育で使われる文法教材から品詞分類の部分を抽出してわかりやすい形に編集したものです。あとの説明を読みながらこの図の該当箇所を参照してください。

図表8.6　日本語の品詞分類表

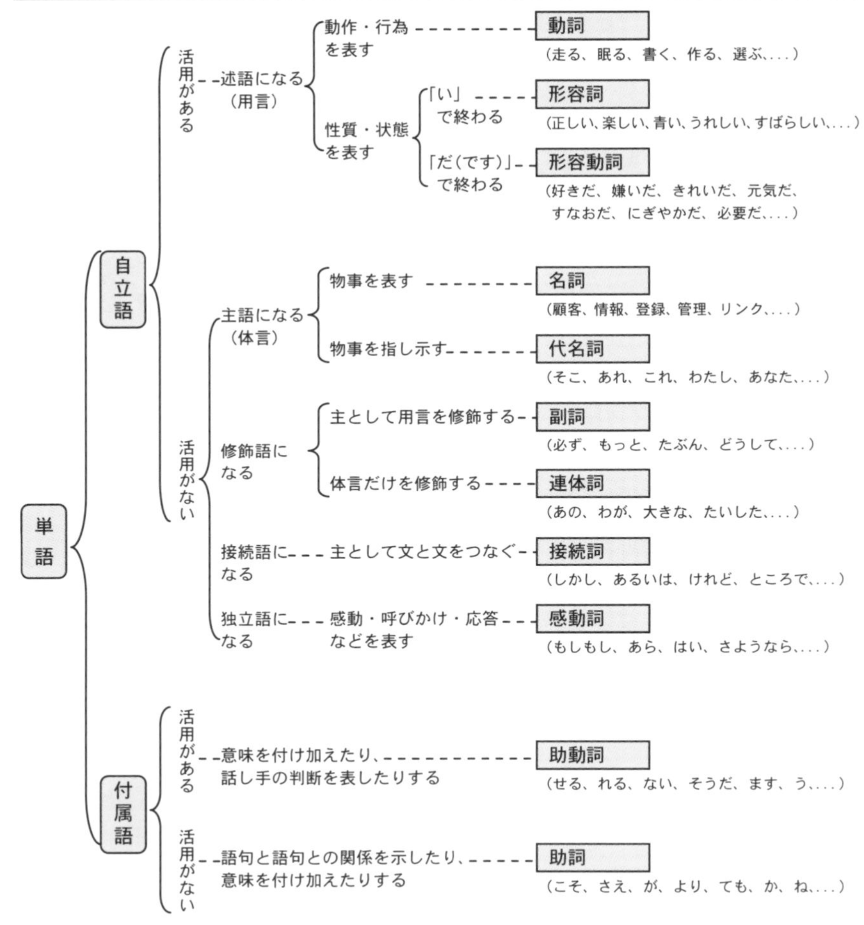

※動詞（一般動詞）は、動作や行為の対象を表す目的語をとる「他動詞」（作る、選ぶ、入力する、など）と目的語をとらない「自動詞」（走る、眠る、帰る、など）に分かれます。

目的語または目的語に類する語のあとにつける「を」の使い方

文の目的語のあとに他動詞が来る場合は、「を」という助詞を使います。

〈例文〉

評価検討委員会は、事業プランの実現性とコストパフォーマンスを審査します。

この例文は、英文法の文型で表すと、S（主語）＋V（一般動詞）＋O（目的語）になります。この文では、「事業プランの実現性とコストパフォーマンス」は他動詞である「審査する」の目的語ですから、「事業プランの実現性とコストパフォーマンス」には目的格を表す助詞の「を」をつけます。

目的語または目的語に類する語のあとにつける「が」の使い方

目的語には「を」という助詞をつけるのが原則ですが、「を」の代わりに「が」を用いたほうがよいケースがあります。まず、下記の例文を見てください。

〈例文①〉

若者の多くは、サッカーを見るのが好きです。

この例文の「好きです」は、英語のlike（好む）やlove（愛する）のような他動詞ではなく「～が好きな状態にある」の意味を表す形容動詞であるため、目的格を表す「を」ではなく「が」を用います。それは、形容動詞は大きな分類では動詞ではなく形容詞に入るからです。形容詞と形容動詞の区別については、Section 8に詳しい説明があります。

「好きだ」、「嫌いだ」、「必要だ」、「重要だ」、「きれいだ」のように形容詞と動詞の働きを兼ねるものを形容動詞と呼びます。形容動詞の特徴は、「だ」を「な」に換えてあとに体言（名詞）をつけることができる（「必要な条件」や「好きな食べ物」のように）ことです。

参考までに、もう一つの例文を見てください。

〈例文②〉

若者の多くは、サッカーを観ることを好みます。

この例文の「好む」は他動詞ですから、目的語につける助詞は「を」になります。

次に、もう一つの例文を見てください。

〈例文③〉

このコンビニチェーンでは、Edyカードが使えます。

「使える」は、「使う」という他動詞と「できる」という助動詞が結合したものです。このように、「できる」という助動詞と結びついた他動詞があとに来る場合は、「を」ではなく「が」を使います。もちろん、他動詞なしで「できる」が来る場合も同様です。

参考までに次の例文を見てください。

〈例文④〉

このコンビニチェーンでは、Edyカードを使うことができます。

この場合は「使う」(他動詞)が助動詞と独立する形で使われている(助動詞と直接結びついていない)ので、「使う」の前には「を」をつけます。

Section 6 文の出だしと結びの対応のさせ方

文（センテンス）の出だしと結びを適切に対応させないと、読者に文意を明確に伝えることができず、文章の理解が阻害される恐れがあります。

このSectionでは、文の出だしと結びを適切に対応させるために知っておくべき下記のトピックについて説明します。

▶ **出だしと結びを適切に対応させる**

▶ **出だしと結びの関係が適切でない例と改善例**

出だしと結びを適切に対応させる

近年になって、出だしと結びが適切に対応していない文が増えてきています。これの主原因は、文書作成用（文字入力用）ソフトの普及に伴って、文字入力や変換などの操作に気をとられて文の出だしと結びの対応関係まで気が回りにくくなったことにある、と考えられます。

文（センテンス）は、書き出しの表現をきちんと受けとめる結びがあってはじめて意味が完結します。「プロジェクト会議が中止されたのは、幹部会が緊急招集されたためです」といった文の出だしと結びの対応関係（係り結び）は、文の根幹となる大切なものです。

文の出だしと結びを適切に対応させる方策としては、下記の２つが有効です。

- 執筆時に「文を作る」という意識をもって出だしと結びを適切に対応させる
- 推こう時に出だしと結びの対応関係のチェックを行う

１番目の方策は有効ではありますが、これに気を使いすぎると、もっと重要なことが疎かになってしまう恐れがあります。ですから、むしろレビュー（推こう）時のチェックに力を入れたほうがよいと考えられます。推こう時のチェックについては、Chapter10で詳しく説明します。

出だしと結びの関係が適切でない例と改善例

出だしと結びの関係が適切でない例文を６つ示すので、どこがどう問題なのか、どう直したらよいかを考えてみてください。

〈例文①〉

オンラインの予約受付処理で一番大切なのは、受付順のダイナミックナンバリングにあります。

〈例文②〉

生産ラインが緊急停止したのは、巻き込み防止機能が作動しました。

〈例文③〉

カード事故の防止策を明らかにするには、最初にカード事故の原因について説明します。

〈例文④〉

専門知識が豊富な人は、やさしすぎる説明は不要です。

〈例文⑤〉

管理者試験に合格するために必要なのは、組織管理学を学んでください。

〈例文⑥〉

デスクトップ画面には、ファイルアイコンであふれています。

以下に、各例文の改善例を示します。ただし、改善の仕方は１通りではありません。それは、出だしの表現を生かすのか結びの表現を生かすのかによって改善の仕方が変わり、出だしと結びの対応のさせ方も１通りではないからです。

〈例文①の改善例〉

オンラインの予約受付処理で一番大切なのは、受付順のダイナミックナンバリングです。

〈例文②の改善例〉

生産ラインが緊急停止したのは、巻き込み防止機能が作動したからです。

〈例文③の改善例〉

カード事故の防止策を明らかにするために、最初にカード事故の原因について説明します。

※元の文の出だしを生かして、「カード事故の防止策を明らかにするには、最初にカード事故の原因について説明する必要があります」と直すことも可能です。

〈例文④の改善例〉

専門知識が豊富な人には、やさしすぎる説明は不要です。

〈例文⑤の改善例〉

管理者試験に合格するために必要なのは、組織管理学を学ぶことです。

※元の文の結びを生かして、「管理者試験に合格するために、組織管理学を学んでください」と直すことも可能です。

〈例文⑥の改善例〉

デスクトップ画面には、ファイルアイコンがあふれています。

※元の文の結びを生かして、「デスクトップ画面は、ファイルアイコンであふれています」と直すことも可能です。

Section 7 能動態と受動態の適切な使い分け

技術文章では人間以外のもの（「機器」、「ソフトウエア」、「組織」など）が主語になるケースが多いため、「何が何に対して何をするのか」と「何が何によって何をされるのか」といった具合に能動態と受動態を明確に使い分けないと、説明がわかりにくくなります。

このSectionでは、能動態と受動態を適切に使い分けるために知っておくべき下記のトピックについて説明します。

- ▶ **能動態と受動態を使い分けるポイント**
- ▶ **能動態と受動態の使い分けが不適切な例と改善例**

能動態と受動態を使い分けるポイント

「能動態」とは、「I社はK社との契約を破棄しました」のように、主語の行為または動作を能動的に表現する形式です。これに対して、「受動態」とは、「K社はI社に契約を破棄されました」のように、主語に対する動作または行為を受け身で表現する形式です。

技術文章には、人間だけでなくソフトウエアや機器といった人間以外のものが主体（主語）や客体（目的語）として数多く登場します。そのような場合に能動態と受動態を一定のルールに従って使い分けないと、説明の視点が定まらなくなって内容が読みとりにくくなります。

「人間の動作・行為を能動形にし、人間以外の動作・行為を受動形にする」という基本ルールを適用すれば、読者から見た視点がぶれないため、内容が理解しやすくなります。

ただし、人間が関与せず、機器やソフトウエアどうしでのやりとりが続くような場合には、人間以外の主語の動作であっても能動形で表現したほうが読みやすくなります。

能動態と受動態の使い分けが不適切な例と改善例

以下に、態の使い分けが不適切な例文を示します。どこがどう問題なのか、どう直したらよいか考えてみてください。

〈例文①〉

メニューから「ハイパーリンク」が選択されると、「ハイパーリンクの挿入」ウインドウが開きます。

〈例文②〉

「印刷部数」の入力が省かれた場合は、既定値である1を使います。

〈例文③〉

電力を投入してスタートボタンを押すと、原料の投入を開始します。

〈例文④〉

検索エンジンが検索作業を終了するまで、キーワードを入力することはできません。

以下に、上記の各例文の改善例を示します。

〈例文①の改善例〉

メニューから「ハイパーリンク」を選択すると、「ハイパーリンクの挿入」ウインドウが開きます。

※この文の後半は、受身にするよりも、「～が開きます」（ここの「開く」は自動詞）のように行為ではなく現象を表す形にしたほうが自然です。

〈例文②の改善例〉

「印刷部数」の入力を省いた場合は、既定値である1が使われます。

〈例文③の改善例〉

電力を投入してスタートボタンを押すと、原料の投入が開始されます。

〈例文④の改善例〉

検索エンジンによる検索作業が終了するまで、キーワードを入力することはできません。

もう１つ例文を見てください。

〈例文⑤〉

マイニング機能によってデータの抽出が行われたあと、アナライズ機能によって抽出されたデータの分析が行われます。

この例文は、このままでも文法的な問題はありません。しかし、複文の２つの節（従属節と主節）の主語が両方ともソフトウエアで人間は登場しないので、下記のように、受動態ではなく能動態にしたほうが読みやすくなります。ただし、前後の文に人間が登場する場合は、元のままにしたほうがよいでしょう。

〈例文⑤の改善例〉

マイニング機能がデータの抽出を行ったあと、アナライズ機能が抽出されたデータの分析を行います。

Section 8 形容詞と形容動詞の使い分け

形容詞と形容動詞の区別や使い分けについては、中学校や高等学校の国語教育できちんと教えられていないため、ほとんどの人がよく理解できていません。たとえば、「楽しいです」という表現は口語（会話）ではよく使われますが、文章表現としては不適切です。しかし、その理由を説明できる人はほぼいないでしょう。

このSectionでは、形容詞と形容動詞の区別と使い分けについて、わかりやすく説明します。

- ▶ **形容詞と形容動詞の品詞分類**
- ▶ **形容詞と形容動詞を見分けるコツ**

形容詞と形容動詞の品詞分類

最初に、形容詞と形容動詞が文法上どのように分類されているのか見てみましょう。次の図から、両者とも「自立語」の中の「活用がある語」に属していることがわかります。「活用がある語」はさらに行為・動作を表す動詞と性質・状態を表す形容詞・形容動詞に分類され、「い」で終わる形容詞と「だ（です）」で終わる形容動詞に分かれます。

図表8.7 日本語の品詞分類表（図表8.6の再掲）

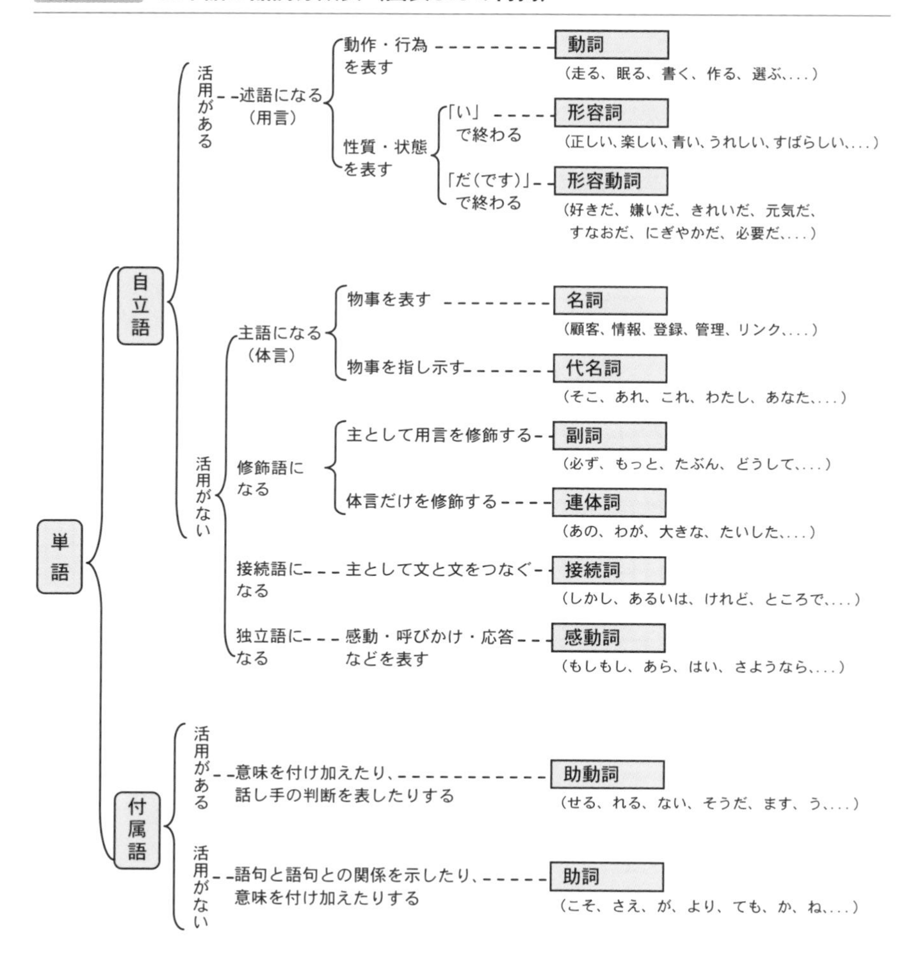

形容詞とは？

形容詞とは、物事の状態や性質を表現する言葉です。「い」で終わり、後ろに「だ」や「です」（「だ」のていねい形）をつけることができないのが特徴です。

〈形容詞の例〉

美しい、欲しい、楽しい、青い、赤い、明るい、浅い、暑い、寒い、暖かい、熱い、厚い、甘い、荒い、粗い、薄い、遅い、重い、堅い、硬い、軽い、暗い、

凄い、辛い、丸い、円い、痛い、うまい、偉い、多い、惜しい、遠い、苦しい、など

形容動詞とは？

形容動詞は、形容詞と同様に物事の状態や性質を表現する言葉ですが、後ろに「だ」や「な」をつけることができるのが特徴です。

形容詞を「イ形容詞」、形容動詞を「ナ形容詞」とする分類方法もありますが、「形容詞」と「形容動詞」に分類するほうがわかりやすいので、本書では後者の分類を使っています。

〈形容動詞の例〉

きれい、静か、暖か、穏やか、密か、好き、嫌い、必要、上手、下手、暇、いろいろ、有名、親切、元気、便利、不便、すてき、簡単、大変、大切、重要、簡単、面倒、素直、大丈夫、無理、基本的、流動的、など

形容詞と形容動詞を見分けるコツ

形容動詞には「です」をつけることができますが、形容詞に「です」をつけることはできません。大学生が書くエントリーシートやレポートで「多いです」とか「楽しいです」といった表現をよく見かけますが、「多い」も「楽しい」も形容詞ですから、「です」をつけることはできません。

形容詞に「です」をつけても不自然に感じない人は、後ろに「だ」をつけてみましょう。「多いだ」「楽しいだ」「青いだ」「明るいだ」「甘いだ」はどう考えても不自然です。「です」は「だ」のていねい形なので、「です」がつくのであれば「だ」もつくはずです。

これに対して、「きれいです」「きれいだ」、「静かです」「静かだ」はどちらも大丈夫です。

最近は誤用が増えてきているので「間違いである」とは言い切れませんが、「楽しいです」といった表現が多いと不自然な（幼稚な）感じがするので、文章内で使うのはやめたほうがよいでしょう。

「食べたい」「見たい」「勝ちたい」などにも「だ」はつかない

これらは、形容詞だと勘違いしている人もいますが、動詞の連用形に希望を表す助動詞（たい）がついたものです。「食べたいだ」「見たいだ」「勝ちたいだ」は不自然なので、「食べたいです」「見たいです」「勝ちたいです」も技術文章やビジネス文章では使わないほうがよいでしょう。

Chapter 9

簡潔で説得力のある技術文章を書くための表現スキルを知ろう

　このChapterでは、技術文章を明快・簡潔かつ説得力のあるものにする文章表現の応用スキルについて説明します。このChapterに示す応用スキルは、さまざまな文章表現関係の書物や論考などからわかりやすく説得力のある文章を書くための表現スキルを洗い出して、本書の読者のみなさんが活用しやすいようにアレンジしたものです。

　このChapterを読むことで、技術文章を通じて読み手に提供できる価値を高める文章表現スキルを習得し、実際に文章を書く場面で活用できるようになります。

●文・段落の長さの調節
●文・段落のテーマ（主題）の絞り込み
●文どうしの関係の明確化
●簡潔で明快な表現
●小見出しと箇条書きの効果的な使用
●読者にとって理解しやすい説明の順序
●説明方法や表現方法の統一
●重要な語句や要点の強調
●例示の活用
●比較による特長のアピール
●操作指示と結果の切り分け

Section 1 文·段落の長さの調節

文（センテンス）や段落が長すぎると、文意の読みとりや論理展開の判別が困難になります。したがって、読者にとって読みやすくわかりやすい文章にするには、文と段落の長さをある程度制限する必要があります。

このSectionでは、文と段落の長さに関して知っておくべき下記のトピックについて説明します。

- **1文の長さの目安は「50字／45字以内」**
- **1段落の長さの目安は「5文／4文以内」**

1文の長さの目安は「50字／45字以内」

抽象的な概念や理論を説明するような文章では1文を50字以内にし、手順や機能を説明するような文章では1文を45字以内にすると、文章が読みやすくわかりやすくなります。ただし、これは目安であって、絶対的なルールではありません。たとえば、文の中に「A、B、CおよびD（または）D」のような並列記述がある場合や複文（詳しくはChapter 8のSection 1を参照）の場合には、もっと長くなってもかまいません。

参考までに、長すぎる文の例とその改善例を示します。

〈例文①〉

RSSとは、サイトの見出しや要約などのメタデータを構造化して記述するXMLベースのフォーマットであり、RSSフォーマットの文書には、Webサイトの各ページのタイトル、アドレス、見出し、要約、更新時刻などを記述することができます。

〈例文①の改善例〉

RSSとは、サイトの見出しや要約などのメタデータを構造化して記述する

XMLベースのフォーマットです。RSSフォーマットの文書には、Webサイトの各ページのタイトル、アドレス、見出し、要約、更新時刻などを記述することができます。

例文①は114文字と長すぎるため、文意が読みとりにくくなっています。これに対し、改善例の２つの文は長さが50文字と63文字（並列記述が含まれているので50文字を超えても問題ない）で、文意が読みとりやすくなっています。

逆に、短い文がいくつも続くのも問題です。次の例文とその改善例を見てください。

〈例文②〉

ナノテクとはナノテクノロジーの略です。ナノメートルの領域で進められるモノづくりの技術のことです。１ナノメートルは髪の毛の太さの約十万分の一です。これは赤血球の千分の一という超微細な単位です。

〈例文②の改善例〉

ナノテクとは、ナノテクノロジーの略であり、ナノメートルの領域で進められるモノづくりの技術のことです。１ナノメートルは、髪の毛の太さの約十万分の一、赤血球の千分の一という超微細な単位です。

例文②は、各文が短すぎる（19文字、29文字、25文字、および23文字）ため、意味のつながりが読みとりにくくなっています。これに対して、改善例は１文目が50文字、２文目が43文字と適切な長さであるため、文章の意味の流れが読みとりやすくなっています。

１段落の長さの目安は「５文／４文以内」

抽象的な概念や理論を説明するような文章では１段落を５文以内にし、手順や機能を説明するような文章では１段落を４文以内にすると、文章が読みやすくわかりやすくなります。

参考までに、長すぎる段落の例とその改善例を示します。

〈例文①〉

先進諸国、特に日本の市場経済では、企業の生産力と生活者の消費需要のバランスが崩れてきている。その結果、企業では労働力すなわちヒトが過剰となり、リストラという大義名分のもとに従業員の削減が行われている。企業は、従業員を減らして生産規模を縮小し、また生産プロセスの合理化による価格引き下げを行えば収益性が高まると考えている。しかし、多くの企業が人員削除を行えば、雇用不安から社会全体の購買力が低下し、さらにモノが余って、出口の見えない不況に陥る。いわゆるデフレスパイラルである。また、メーカーのモノを作る姿勢も時代と共に変化してきている。たとえば、第２次世界大戦後から第１次高度成長期にかけて、日本の家電メーカーは、いかに壊れず長もちする製品を作るかというスタンスでモノ作りをしてきた。H社の洗濯機、T社の冷蔵庫、N社のテレビ、S社のトランジスターラジオなど、信頼のブランド商品が次々と生まれ、うまく使えば10年〜20年愛用されるモノが多かった。

〈例文①の改善例〉

先進諸国、特に日本の市場経済では、企業の生産力と生活者の消費需要のバランスが崩れてきている。その結果、企業では労働力すなわちヒトが過剰となり、リストラという大義名分のもとに従業員の削減が行われている。企業は、従業員を減らして生産規模を縮小し、また生産プロセスの合理化による価格引き下げを行えば収益性が高まると考えている。しかし、多くの企業が人員削除を行えば、雇用不安から社会全体の購買力が低下し、さらにモノが余って、出口の見えない不況に陥る。いわゆるデフレスパイラルである。

また、メーカーのモノを作る姿勢も時代と共に変化してきている。たとえば、第２次世界大戦後から第１次高度成長期にかけて、日本の家電メーカーは、いかに壊れず長もちする製品を作るかというスタンスでモノ作りをしてきた。H社の洗濯機、T 社の冷蔵庫、N 社のテレビ、S社のトランジスターラジオなど、信頼のブランド商品が次々と生まれ、うまく使えば10年〜20年愛用されるモノが多かった。

例文①は８文で１段落と長いため、段落全体で何が言いたい（伝えたい）のかがわかりにくくなっています。これに対し、改善例では、最初の段落が５文、２番目の段落が３文なので、それぞれの段落の主旨が読みとりやすくなっています。

逆に、段落の場合も短いほうがよいというわけではありません。１文とか２文の段落がいくつも続くと、かえって文章の内容が読みとりにくくなるので、注意してください。参考までに、短すぎる段落とその改善例を示します。

〈例文②〉

現代は「グローバルコミュニケーション」の時代と言われている。

もちろん、それを支えているのは、インターネットである。

ここ20年、コンピュータネットワークは、驚異的なスピードで発達・発展してきた。公的機関のネットワーク、学術関係のネットワーク、企業内のネットワーク、商用ネットワーク、そしてそれらを包括するグローバルなインターネット――今や、スマホを含めたコンピュータネットワークを通じてのコミュニケーションが、ビジネスだけでなくプライベートな生活にまで深く浸透しつつある。

したがって、企業が新世紀に生き残り続ける必須条件の１つは、各種のネットワークを介するコミュニケーションチャネルを早急に整備することである。

この稿では、インターネットコミュニケーションをベースとするマーケティング手法にスポットを当てて、コミュニケーションサポートテクノロジーという視点から解説する。

〈例文②の改善例〉

現代は「グローバルコミュニケーション」の時代と言われている。もちろん、それを支えているのは、インターネットである。

ここ20年、コンピュータネットワークは、驚異的なスピードで発達・発展してきた。公的機関のネットワーク、学術関係のネットワーク、企業内のネットワーク、商用ネットワーク、そしてそれらを包括するグローバルなインターネット――今や、スマホを含めたコンピュータネットワークを通じてのコミュニケーションが、ビジネスだけでなくプライベートな生活にまで深く浸透しつつある。したがって、企業が新世紀に生き残り続ける必須条件の１つは、各種のネットワークを介するコミュニケーションチャネルを早急に整備することである。

この稿では、インターネットコミュニケーションをベースとするマーケティング手法にスポットを当てて、コミュニケーションサポートテクノロジーという視点から解説する。

例文②は、最初の段落が１文、２番目が１文、３番目が２文、４番目が１文、５番目が１文とぶつ切り状態になっていて、段落としての役割を果たしていません。これに対して、改善例は、最初の段落が２文、２番目が３文、３番目が１文になっており、それぞれがテーマをもった情報ブロックとして機能しています（「情報ブロック」については、次項に説明があります）。

この例からもわかるように、説明単位（節、項、小項など）の「主題を示す文」や「結論を示す文」などは、１文とか２文で１段落にしたほうがよいケースもあります。これは、重要な情報を含む文を他の文から切り離して視覚的に目立たせるためのビジュアル化技法とも言えます。

Section 2

文・段落のテーマ(主題)の絞り込み

1つの文に2つ以上のテーマ(主題)が存在したり、1つの段落に2つ以上のテーマが存在したりすると、文意の読みとりや文章の論理展開が把握しにくくなってしまいます。

このSectionでは、文や段落のテーマの絞り込みに関して知っておくべき下記のトピックについて説明します。

- **文のテーマの絞り込み方**
- **段落のテーマの絞り込み方**

文のテーマの絞り込み方

1つの文で欲張って2つ以上のことを述べようとすると、読者に文意が伝わりにくくなります。1文で述べるテーマを1つに絞り込み、1テーマの文を連ねていけば、文章全体が読みやすくわかりやすくなります。

下記の例文とそれの改善例を見てください。

〈例文〉

エネルギーセキュリティとしては、「石油や天然ガスの安定供給」と「電力供給システムの維持・保全」の2点が重要だが、石油や天然ガスの安定供給については、国際関係を踏まえた国家レベルでの政治的・経済的な支援が不可欠であると考えられる。

〈例文の改善例〉

エネルギーセキュリティとしては、「石油や天然ガスの安定供給」と「電力供給システムの維持・保全」の2点が重要である。石油や天然ガスの安定供給については、国際関係を踏まえた国家レベルでの政治的・経済的な支援が不可欠であると考えられる。

改善前の例文は1つの文で2つのことを述べようとしている（主題が2つある）ため、文意が伝わりにくくなっています。これに対し、改善例の2つの文は、どちらも主題が1つしかないため、文意が読みとりやすくなっています。

段落のテーマの絞り込み方

文の場合と同様に、1つの段落で欲張って2つ以上のテーマについて述べようとすると、話の流れがわかりにくくなってしまいます。したがって、1つの段落ではテーマを1つに絞って説明を展開する必要があります。

これは、「段落を情報ブロックとみなす」という新しい考え方に基づくものです。ここで言う「情報ブロック」とは、1つのテーマに関係する複数の文（センテンス）をグループ化したものを意味します。この考え方は文章の論理構成法の基盤をなす重要なものなので、以下で要点を説明しておきましょう。

文章は貨物列車のようなものです。小見出しレベルの説明単位（このSectionで言うと、「文のテーマの絞り込み方」や「段落のテーマの絞り込み方」）という説明単位（小見出しブロック）の文章全体を貨物列車にたとえると、段落は貨車に相当します。ただし、文章列車では、貨車（段落）の大きさが一定ではなく、そこに積み込まれている荷物（センテンス）の種類や個数もさまざまです。そのような貨車（段落）が連結されて1つの列車（1つの説明単位の文章）を形作っているのです。

参考までに、説明単位の構成要素として段落が連結されているイメージを次の図表に示しておきます。

図表9.1　説明単位の構成要素として段落が連結されているイメージ

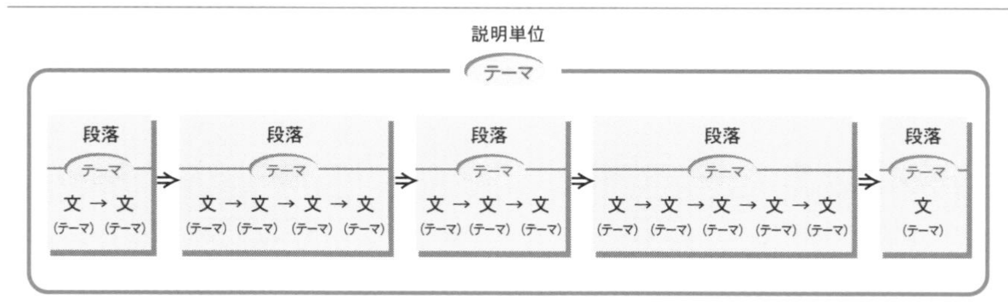

要するに、文章を書くときは、「1つのテーマでくくった情報ブロックとしての段落を文章全体の流れを考えながら連結していけばよい」のです。その際にポイントとなるのは、だれから見てもはっきりわかる情報ブロックとして段落を作ることです。言い換えると、段落の区切りを示す「1字下げと改行」をとり除いた文章を多くの人に見せて区切り直してもらっても元の区切りと一致するようなブロック化（段落切り）をしなければならない、ということです。

ここからは余談ですが、中学校の現代国語のテストに「次の平文（段落に区切っていない文）を3つの段落に区切りなさい」といった問題がよく出題されます。ところが、この種の問題の正解率はあまり高くありません。それは、作家、評論家、学者などが書いた文章がそのまま使われ、著者が段落として区切ったところが正解だからです。しかし、著者が段落を情報ブロックと意識して的確に区切っている保証はなく、回答者が段落の切れ目を判別するのが困難なケースが少なからずあるのです。

この事例が示唆しているのは、文章の書き方のルールやノウハウはだれもが納得し再現できるものでなければならないということです。

Section 3　文どうしの関係の明確化

文（センテンス）は、リレーのように意味がつながって流れていくことで文章になっていきます。ですから、文と文とのつながり（関係）が不明確だと、読者は意味の流れをうまく把握できなくなります。

このSectionでは、文どうしの関係を明確化するために知っておくべき下記のトピックについて説明します。

- **接続語句を使って文どうしの関係を示す方法**
- **接続語句を使わずに文どうしの関係を示す方法**

接続語句を使って文どうしの関係を示す方法

文章の書き方の手引書には、「接続詞を減らすことで文章をうまく見せることができる」といったことが書いてあります。しかし、これは上級の表現技法であって、文章を書くことに慣れていない人たちに求めるレベルのものではありません。技術文章では、情報をわかりやすく伝えることが優先されるため、むしろ接続語句を使って文どうしの関係を明示することのほうが大事なのです。

参考までに、接続語句がないために文どうしの関係がわかりにくい例とその改善例を示しておきます。

〈例文〉

1950年代には、コンピューターのハードウエアとソフトウエアが一体として販売されていた。ソフトウエアの価格はハードウエアの価格に含まれていたのである。1960年代に入ると、ハードウエアとソフトウエアを別々に販売するアンバンドリングが始まった。

〈例文の改善例〉

1950年代には、コンピューターのハードウエアとソフトウエアが一体として販売されていた。つまり、ソフトウエアの価格はハードウエアの価格に含まれていたのである。ところが、1960年代に入ると、ハードウエアとソフトウエアを別々に販売するアンバンドリングが始まった。

改善前の例文は、よく読み込まないと、文どうしのつながり（関係）がはっきりしません。これに対して、改善例のほうは、さっと読んだだけで文どうしのつながりがわかります。

接続語句を使わずに文どうしの関係を示す方法

接続語句は文と文との関係を示す重要な役割を担っていることは間違いありませんが、すべての文の最初に接続語句があると、さすがにくどくなってしまいます。

参考までに、接続語句があるために表現がくどくなっている文章の例とその改善例を示しておきます。

〈例文〉

最近、医学の先駆的研究の応用例として注目を集めているのが、幹細胞を使った再生医療である。そして、すでにいろいろな分野で再生医療が実用化の段階に入っている。

〈例文の改善例〉

最近、医学の先駆的研究の応用例として注目を集めているのが、幹細胞を使った再生医療である。この先進的な医療は、すでにいろいろな分野で実用化の段階に入っている。

改善前の例文は、「そして」という接続詞があるにもかかわらず、文と文とのつながり方がどこか不自然です。これに対して改善例のほうは、接続詞がないにもかかわらず、自然なつながりになっています。それは、「この」という指示形容詞を用いて、前の文の述部にある「再生医療」という名詞と２番目の文の主部にある「先進的な医療」という名詞が結びつけられているからです。

この改善例のように、前の文の名詞と次の文の名詞を指示語で結びつけたりはっきりわかる代名詞に置き換えたりすることによって、文どうしのつながりを示すことも可能です。

参考までに、接続詞を使わずに文どうしをスムーズにつないでいる文章例をもう一つ示しておきます。

〈文どうしのつながりがわかりやすい文章の例〉

モンテカルロ法とは、強化学習での探索を実現するアルゴリズム（計算技法）です。モンテカルロ法では、与えられた環境に対する行動の開始から終了までの期間を意味するエピソードが終了した時点で、獲得できた報酬の総和をもとに行動が修正されます。このアルゴリズムは囲碁や将棋などの最善手を見つけるために使われます。

Section 4 簡潔で明快な表現

Chapter1のSection2で、技術文章に求められる要件の一つに「文章による説明や表現がわかりやすいこと」があると述べました。この「わかりやすさ」を実現するには、冗長な（だらだら長い）表現や回りくどい表現を避けて簡潔かつ明快な表現にする必要があります。

このSectionでは、文章表現を簡潔かつ明快にするために知っておくべき下記のトピックについて説明します。

- **冗長でわかりにくい表現の例と改善例**
- **回りくどくてわかりにくい表現の例と改善例**

冗長でわかりにくい表現の例と改善例

思いついたことをだらだら並べるような冗長な文章を書くと、ただでさえ理解するのが難しい技術情報の理解が余計困難になってしまいます。

次に示す例文とその改善例を見てください。

〈例文〉

ウォークスルーとはプログラムや文書などを作成してその内容を検証するために行うものだが、成果物の作成者とその成果物を検証してくれる人が参加し、作成者は成果物が出来上がったらウォークスルー計画を立てて成果物をチェッカーに配布し、チェッカーはあらかじめ成果物をチェックしておき、ウォークスルーは司会者、書記を決めてから始める。

〈例文の改善例〉

ウォークスルーとは、プログラムや文書などを作成した場合にその内容を検証するために行うものである。このミーティングには、成果物の作成者とその成果物を検証する人たち（チェッカー）が参加する。作成者は成果物が出来上がったらウォークスルー計画を立てて成果物をチェッカーに配布し、チェッカーはウォークスルーの前に成果物をチェックしておく。ウォークスルーは、司会者と書記を決めてから始める必要がある。

改善前の例文は、冗長であるため、重要な情報や説明の流れを把握するのが困難です。これに対して、改善例のほうは、1文ずつ読んでいけば、重要な情報や説明の流れを容易に把握することができます。この直しは、各文の構造を解析し、複雑な構造の文を適切に分解し、文と文のつなぎ方を工夫する形で行っています。(文の構造と分解方法については、Chapter 8 のSection 1 を参照してください。)

回りくどくてわかりにくい表現の例と改善例

説明内容や順序説明がよく整理できていない状態で文章を書こうとすると、回りくどくて意味がわかりにくくなってしまいます。

次に示す例文とその改善例を見てください。

〈例文〉

間違って環境設定データを消去してしまった場合は、データを復元するための復元機能を利用してデータの復元を行うことが必要になります。ユーザーが間違ってデータを消去してしまった場合でも、消去されたデータは自動的にバックアップがとられることになっているため、バックアップ用ファイルにバックアップされていますが、データ復元機能を使えばそこにあるデータを簡単に復元できます。

〈例文の改善例〉

間違って環境設定データを消去してしまった場合は、バックアップ用ファイルに自動的に保存されているデータから環境設定データを復元してください。データ復元機能を使うと、この復元を簡単に行うことができます。

改善前の例文は、表現が回りくどくて、説明のポイントがよく理解できません。これに対して、改善例のほうは、簡潔・明快で要点がはっきりとわかります。この直しは、重複する言葉や表現を洗い出して統合・整理する形で行っています。

Section 5
小見出しと箇条書きの効果的な使用

モジュールを構成する文章をいくつかのブロックに分けてそれぞれに内容を端的に表す小見出しをつけると、内容の理解が促進されます。また、文の中に重要な情報の並列記述がある場合にそれを文の外に出して箇条書きにすると、読者に明確かつ効率的に情報を伝えることができます。

このSectionでは、小見出しと箇条書きの活用に関して知っておくべき下記のトピックについて説明します。

- ▶ **小見出しを使うメリット**
- ▶ **箇条書きを使うメリット**

小見出しを使うメリット

小見出しには、技術文章を読み進んでいく際にあらかじめ説明のポイントが把握できるというメリットがあります。やみくもに文章を読み進んでいくよりも、説明のポイントを把握してそれを確かめる形で読んでいくほうが、内容を理解しやすいからです。

小見出しには、もう一つ大きなメリットがあります。それは、拾い読みをする場合にどこを読んでどこを読み飛ばすかの手がかりとして使えることです。技術文書は、小説などの読み物とは異なり、読者全員が通読するわけではありません。必要な情報や要点だけを拾い読みする、というケースもたくさんあります。そういうときに、内容を端的に表す小見出しがあれば、それを見て中身を読む必要があるかどうか判断できます。

技術文書の種類によって多少異なりますが、たとえばA4判１ページ（1,000～2,000文字前後）について４～８個程度の小見出しがあれば、説明内容（要点）が容易に把握できるはずです。つまり、250～500字に１つの割合で小見出しをつけると、説明内容がとても理解しやすくなるということです。

小見出しのメリットは、この２つだけではありません。もう一つ忘れてはならないのが、書き手にとってのメリットです。それは、小見出しをつけることで、一度に書かなければならない文章の量を減らせるという点です。たとえば、1つのテーマについて2ページ（2,000～4,000字程度）の文章を一気に書くのは、文章を書き慣れている人でなければかなり大変です。しかし、1つの小見出しについて250～500字の文章を書くのは、中身として使える情報さえあれば、それほど大変なことではありません。つまり、小見出しをつけることによって1つのブロックの文章量が少なくなるため、文章を書くプレッシャーが軽減されるのです。

箇条書きを使うメリット

文（センテンス）の中に手順、ルール、メリット、デメリットなどが並列的に記述されている場合は、それらを文から出して箇条書きにしたほうが、情報の理解・把握が促進されます。箇条書きについては、文章表現力を重視するという意味で嫌う人たちもいるようです。しかし、小説などの文芸作品とは異なり、技術文章では、巧みな表現力よりも明確に情報を伝えることのほうが優先されます。

次の例文とその改善例を見てください。

〈例文〉

一般的な診断基準は、「自覚的な記憶障害の訴えと家族によるその確認」、「年齢に比し異常な記憶力の低下あり」、「記憶以外の認知機能は正常」、「運転や家計などの日常生活に支障なし」、「アルツハイマーの兆候なし」、の5つである。

〈例文の改善例〉

一般的な診断基準は、次の5つである。

- 自覚的な記憶障害の訴えと家族によるその確認
- 年齢に比し異常な記憶力の低下あり
- 記憶以外の認知機能は正常
- 運転や家計などの日常生活に支障なし
- アルツハイマーの兆候なし

改善前の例文では重要な情報が文章の中に埋没してわかりにくいのに対して、改善例では情報が一覧できるため把握しやすくなっています。

箇条書きについては、注意すべきことが1つあります。それは、リード文と箇条書きをセットで示す必要があるということです。リード文とは、上記の例の「一般的な診断基準は、次の5つである」の部分で、箇条書きの内容を示唆する文です。この文がないと、読者は箇条書きの意図がよくわからなくなってしまうので気をつけましょう。

Section 6 読者にとって理解しやすい説明の順序

あるトピックについて思いつくままに書き進められた文章は、説明の順序が整っていないため、読む側は、説明の流れをうまく把握することができません。これを防ぐには、読者に合う説明の順序を前もって決めておき、それに従って文章を書き進めていく必要があります。

このSectionでは、読者にとって理解しやすい説明の順序を整えるために知っておくべき下記のトピックについて説明します。

- **論理展開に基づく順序づけ**
- **時系列に基づく順序づけ**
- **手順に基づく順序づけ**

論理展開に基づく順序づけ

これは、文章の中で論理を展開していく際の流れに基づく順序づけです。この順序がおかしいと、読者は説明がスムーズに頭に入らず、内容がよく理解できなくなります。

次の例文とその改善例を見てください。

〈例文〉

①アイデア創出ナビを活用することにより、新製品／サービスの開発や新技術の開発を加速させることができます。②たとえば、「顧客が抱えているこの課題の解決に自社が有するこのテクノロジーを応用することができる」といったことが、容易に導き出されます。③このツールは、意思決定支援システムの方法論を応用し発展させたものです。④アイデア創出ナビとは、エンジニアや研究者によるアイデアの創出をサポートするツールのことです。

※上記の例文中には①～④の番号が記されていますが、これらはあとの説明をわかりやすくするために便宜上挿入したもので、実際の文章には入っていません。

〈例文の改善例〉

アイデア創出ナビとは、エンジニアや研究者によるアイデアの創出をサポートするツールのことです。このツールは、意思決定支援システムの方法論を応用し発展させたものです。アイデア創出ナビを活用することにより、新製品／サービスの開発や新技術の開発を加速させることができます。たとえば、「顧客が抱えているこの課題の解決に自社が有するこのテクノロジーが応用できる」といったことが、容易に導き出されます。

改善前の例文は、論理展開の順序が不適切であるため、説明が理解しにくくなっています。これに対して、改善例のほうは順序が適切に入れ替えられているため、説明がわかりやすくなっています。改善例は、④（キーワードの概要説明）→③（ルーツの紹介）→①（基本機能の説明）→②（具体的な説明）という順序に入れ替えられています。

時系列に基づく順序づけ

これは、記述される各事象が発生する順番すなわち発生時刻による順序づけです。この順序がおかしいと、読者は、事象発生の流れがうまく把握できなくなります。

次の例文と改善例を見てください。

〈例文〉

①Webサイトのインターフェース設計は、サイト内でのユーザーの行動を予測するところから始めます。②設計が終了したら、ユーザビリティテストを行って設計に変更を加えます。③設計のポイントは、特徴的な行動パターンごとにインターフェースの流れを変えることです。

※上記の例文中には①～③の番号が記されていますが、これらはあとの説明をわかりやすくするために便宜上挿入したもので、実際の文章には入っていません。

〈例文の改善例〉

Webサイトのインターフェース設計は、サイト内でのユーザーの行動を予測するところから始めます。設計のポイントは、特徴的な行動パターンごとにインターフェースの流れを変えることです。設計が終了したら、ユーザビリティテストを行って設計に変更を加えます。

改善前の例文は、時系列的な順序がおかしいため、説明がわかりにくくなっています。これに対して、改善例のほうは、話の流れをスムーズに理解することができます。改善例では、時系列に従って、①（設計のやり方）→③（設計のポイント）→②（設計後にすべきこと）という順序で文が並べ替えられています。

手順に基づく順序づけ

これは、作業や操作を行う順番を表す順序です。この順序がきちんと整っていないと、読者は作業や操作を正しく行うことができません。これは時系列的順序の一種とみなすこともできます。次の例文と改善例を見てください。

〈例文①〉

①シリアルナンバーとユーザーIDを入力する
②指示に従って、パッチファイルをダウンロードする
③「パッチ.exe」をクリックしてパッチ処理を実行する
④起動しているその他のアプリケーションを終了させる
⑤システムを再起動する

〈例文①の改善例〉

①シリアルナンバーとユーザーIDを入力する
②指示に従って、パッチファイルをダウンロードする
③起動しているその他のアプリケーションを終了させる
④「パッチ.exe」をクリックしてパッチ処理を実行する
⑤システムを再起動する

改善前の例文は③と④の手順が逆になっている（他のアプリケーションを終了せずに「パッチ.exe」を実行するとエラーが発生する）ため、正常に操作することができません。これに対して、改善例のほうは、適切な手順に入れ替えられているため、問題なく操作を行うことができます。

Section 7 説明方法や表現方法の統一

説明方法や表現方法が節や項やトピック（小見出しレベル）ごとに異なっていると、それらを読み進んでいく読者は、戸惑いを感じて内容がうまく把握できなくなります。

このSectionでは、説明方法や表現方法の統一に関して知っておくべき下記のトピックについて説明します。

- ▶ **説明方法の統一**
- ▶ **表現方法の統一**

説明方法の統一

技術文書の各モジュールで使われる説明方法の主なものは、「ボトムアップ（上方積み上げ）方式」と「トップダウン（下方展開）方式」の２つです。ボトムアップ方式とは、各論（具体的な説明）をまず述べ、それを積み上げていって最後に総論（主題）を導き出す記述方法です。これに対してトップダウン方式とは、最初に総論（主題）を述べ、それを展開する形で各論に入っていく記述方式です。

わが国では、以前はボトムアップ方式が主流でしたが、近年になって、米国流の効率主義に基づくトップダウン方式が主流になっています。ところが、数年前からトップダウン方式にもデメリット（主題／結論の設定に問題があると、あとで修正するのが困難）があることが指摘されるようになり、ボトムアップ方式の良さを見直す動きが一部で見られるようになっています。技術文章においては、どちらの説明方式がよいとは一概に言えませんが、内容をじっくり吟味しながら読む時間的余裕がない読者には、トップダウン方式のほうが適していると言えるでしょう。

次の図表に、この２つの方式の特徴を示します。

図表9.2　代表的な２つの説明方式の特徴

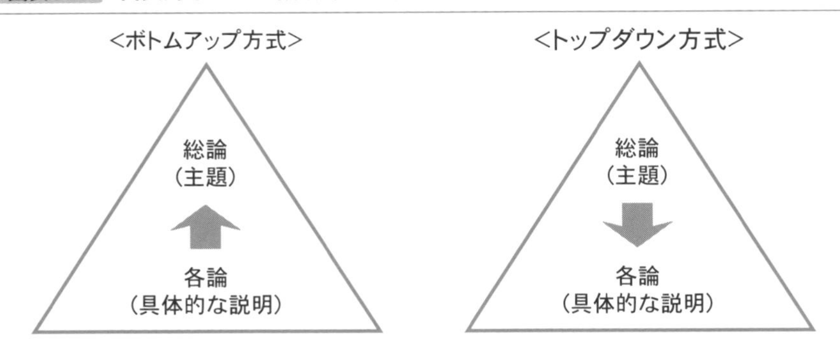

たとえば、モジュール内のある項でトップダウン方式が使われ、同種の説明を行う次の項でボトムアップ方式が使われていたとしたら、その２つの項を通読している読者は、各項の説明内容を頭の中でうまく整理・把握することができなくなる可能性があります。

要するに、同じタイプの説明単位の中では、常に同じ方法で説明を行っていく必要があるということです。

表現方法の統一

米国や英国では、文章表現にどの程度バラエティをもたせられるかによって教養レベルを測ろうとする傾向が強いようですが、テクニカルライティングの世界では、表現の統一が図られるようになってきています。わが国においても、技術文章については表現をなるべく統一しようという考え方が主流になりつつあります。これは、技術文章の読者にとっては「バラエティ豊かな表現」がかえって理解の妨げになることがわかってきたからです。

次の例文と改善例を見てください。

〈例文〉

・気管支鏡検査とは、気管支鏡で気管支内を観察し、必要ならば病変部を切除して生検することを意味します。

・胸腔鏡検査では、胸腔鏡を用いて胸腔を観察しながら必要に応じて病変部を切除して生検を行います。

・縦隔鏡検査の目的は、縦隔鏡を使って縦隔病変やリンパ節を観察し必要であれば病変部を切除して生検することです。

〈例文の改善例〉

・気管支鏡検査では、気管支鏡を用いて気管支内を観察し、必要ならば病変部を切除して生検を行います。

・胸腔鏡検査では、胸腔鏡を用いて胸腔を観察し、必要ならば病変部を切除して生検を行います。

・縦隔鏡検査では、縦隔鏡を用いて縦隔病変やリンパ節を観察し、必要ならば病変部を切除して生検を行います。

改善前の例文は、それぞれの文の表現方法が異なるため、3つの検査方法の特徴がスムーズに理解できません。これに対して、改善例のほうは各文の表現方法が統一されているため、各検査の特長がはっきりわかります。この改善例は、基本的に2番目の文の表現方法に統一してありますが、他の文の表現方法に統一することも可能です。

Section 8 重要な語句や要点の強調

重要な語句や要点を読者に強く印象づけるには、「太字にする」、「下線をつける」、「かぎカッコで囲む」といった強調手段の活用が効果的です。ただし、強調手段を使いすぎると、重要な部分が目立たなくなり逆効果になってしまうので、注意が必要です。

このSectionでは、強調手段を効果的に利用するために知っておくべき下記のトピックについて説明します。

▶ **重要な語句や要点を強調する方法**

▶ **強調すべき語句の絞り込み**

重要な語句や要点を強調する方法

重要な語句や要点を強調する手段には、下記に示すような種類があります。

・ゴチック体や太字体にする
・かぎカッコで囲む
・下線をつける
・斜字体にする
・アミをかける
etc.

これらの強調手段が適切に使われていると、読者は、効率よく説明内容を把握することができます。

次の例文と改善例を見てください。

〈例文①〉

最大の問題点は、各種システム間でデータの受け渡しが自由にできないということです。

〈例文①の改善例〉

最大の問題点は、「各種システム間でデータの受け渡しが自由にできない」ということです。

例文①と改善例①を比べると、改善例のほうが問題点を明確に読者に伝えることができることがわかります。

もう一つの例文と改善例を見てください。

〈例文②〉

胃酸抑制剤、粘膜保護剤、胃酸中和剤の中でもっとも効果が高いのは、胃酸抑制剤です。

〈例文②の改善例〉

胃酸抑制剤、粘膜保護剤、胃酸中和剤の中でもっとも効果が高いのは、胃酸抑制剤です。

例文②と改善例②を比べると、改善例のほうが効果の高い薬剤の種類を読者に強くアピールすることができます。この改善例では下線をつけてありますが、該当する語句をゴチック体や太字体にしたりかぎカッコで囲んだりすることでも、似たような効果が得られます。

強調すべき語句の絞り込み

前項に示した各種の強調手段が技術文章のわかりやすさを追求する有効な手段であることは、間違いありません。ただし、これらの強調手段を一度にいくつも使うと、どこが本当に重要なのかわからなくなってしまいます。

次の例文を見てください。

〈例文〉

幹細胞には、「胚性幹細胞（ES細胞）」と「成体幹細胞」の２種類がありますが、再生医療での実用化が進んでいるのは**成体幹細胞**のほうです。

〈例文の改善例〉

幹細胞には、胚性幹細胞（ES細胞）と成体幹細胞の2種類がありますが、再生医療での実用化が進んでいるのは**成体幹細胞**のほうです。

改善前の例文では、「下線をつける」、「かぎカッコで囲む」、「太字体にする」、という3つの強調手段が使われているために、もっとも強調したいのがどの語句なのかが不明確になっています。これに対して、改善例のほうは、「成体幹細胞」が重要であることが一目でわかります。

強調手段を使用する場合は、まず文の中でもっとも強調したいのがどの語句なのかをはっきりさせて、そこだけに強調手段を使うようにすべきです。このほか、文章中の異なる場所で違う種類の強調手段を使うと読者が混乱する可能性があるため、種類を限定して統一的に使うようにしましょう。

Section 9 例示の活用

複雑な概念、形状、方法、操作などを文章だけで説明するのは、文章表現力のある人でも容易ではありません。そのような場合には、説明対象の概念、形状、方法、操作などと類似する身近な例を示すことが内容理解の手助けになります。

このSectionでは、例示の活用に関して知っておくべき下記のトピックについて説明します。

- ▶ **複雑な概念、形状、方法、操作などの説明をわかりやすくする方法**
- ▶ **わかりにくい説明と例示を活用した改善例**

複雑な概念、形状、方法、操作などの説明をわかりやすくする方法

複雑な概念、形状、方法、操作などを文章でわかりやすく説明するには、かなり高度な文章構成力と表現力が必要ですが、そこまでの文章表現力を身につけるのはなかなか大変です。そのような場合に、説明しにくい内容をわかりやすく伝える技法として考えられるのは、次の２つです。

・図を使って説明する
・例示を活用する

本書は技術文章の書き方が中心の手引書なので、「図を使って説明する方法」については触れません。２番目の「例示を活用する方法」は、文章表現の範囲内ではもっとも効果的な方法です。たとえば、アルパカを知らない人に「ラクダの一種ですが、ポニーくらいの大きさです」と言えば、なんとなくイメージが浮かぶはずです。このように、長々と説明するよりも身近な例を示すほうがより的確に情報を伝えられるケースがたくさんあります。

わかりにくい説明と例示を活用した改善例

概念の説明がわかりにくい例文とその改善例を示します。

〈例文〉

血管増殖抑制剤を投与すると、毛細血管の新生を抑制してがんの増殖を抑えることができます。がん細胞は急速に増殖しますから、大量の栄養分が必要になります。したがって、それをとり込むための毛細血管をたくさん自分の周囲に作らなければなりません。この薬剤は血管の新生を抑制する働きがありますから、がんに十分な栄養を提供するだけの毛細血管を作ることができなくなります。その結果、がんは増殖することができないのです。

〈例文の改善例〉

血管増殖抑制剤を投与すると、毛細血管の新生を抑制してがんの増殖を抑えることができます。これは、毛細血管という補給路を作らせないようにすることで敵であるがんを兵糧攻めにすることを意味します。

改善前の例文は、よく読めばわかるように書いてはありますが、医学知識の少ない患者やその家族にとっては理解しにくい説明です。これに対して、改善例のほうは、「補給路」と「兵糧攻め」という例えが使われているために、説明のポイントを容易に理解することができます。この直しは、読者が患者やその家族、つまり医学知識がほとんどない人たちであるという前提で行っています。

ここに示したように、使う例が読者にとってなじみのあるものであれば、難解なことでも意外と簡単に理解できるようになります。

Section 10 比較による特長のアピール

製品やサービスなどの特長を読者にアピールしたい場合は、それよりも下位のものと比較しながら説明すると効果的です。ただし、あまり差のないものと比較すると、そちらも検討対象にされてしまう可能性があるため、注意が必要です。

このSectionでは、比較によって特長をアピールする方法に関する下記のトピックについて説明します。

- ▶ **類似するものや対置するものとの比較によるアピール**
- ▶ **比較相手の選び方**

類似するものや対置するものとの比較によるアピール

製品やサービスなどの特長を読者にアピールしたいときは、それについて単独で説明するよりも、自社や他社のほかの製品やサービスと比較するほうが効果的なケースがあります。

次の例文とその改善例を見てください。

〈例文〉

電気自動車の最大のメリットは、バッテリーに蓄電された電気をエネルギーとして使うため、有害な排気ガスがまったく出ないことです。

〈例文の改善例〉

電気自動車の最大の特長は、有害な排気ガスがまったく出ないことです。ガソリン車やディーゼル車では燃料の爆発的燃焼を駆動力としているため必ず排気ガスが出ますが、電気自動車はバッテリーに蓄電された電気でモーターを駆動させるため排気ガスは発生しません。

改善前の例文では、電気自動車の基本原理を知らない読者には、説明が十分に理解できないでしょう。これに対して、改善例では、通常のガソリン車との駆動方法の比較がなされているため、説明に説得力が増してメリットが読者により強く印象づけられます。

 比較相手の選び方

製品やサービスの特長をアピールするための比較を行う場合に大切なのは、適切な比較対象を選ぶことです。比較する相手によってアピールの効果は大きく変わってきますし、場合によっては逆効果になることもあります。
次の例文とその改善例を見てください。

〈例文〉
この新しい培養検査装置の処理時間は18時間であり、T社製の検査装置に比べて1時間も処理時間が短縮されています。

〈例文の改善例〉
この新しい培養検査装置の処理時間は18時間であり、当社のこれまでの検査装置に比べて6時間も処理時間が短縮されています。

改善前の例文を読んだ顧客は「1時間だけの差であればT社の検査装置も検討対象に加えよう」と考える可能性が高いので、かえって逆効果になります。これに対して、改善例では、処理時間が大幅に短縮されたことがアピールされているため、顧客はいい印象をもつはずです。要するに、読者の心理をよく考えて比較する相手を選ぶ必要があるということです。

Section 11

操作指示と結果の切り分け

技術文書の一種である操作手順書（マニュアル）では、操作手順が主要な役割を担います。すなわち、操作手順の部分がわかりやすいか否かがマニュアルの品質を大きく左右することになるのです。

このSectionでは、操作手順を読者にとってわかりやすいものにするために知っておくべき下記のトピックについて説明します。

▶ **操作手順を構成する要素**

▶ **操作指示とその結果が一緒になっている操作手順の例とその改善例**

操作手順を構成する要素

操作手順は、基本的に下記の3種類の文から構成されます。

・操作手順の概要を示すリード文
・番号づけされた操作指示文
・操作を行った結果を示す文

このほかに、注意や警告などのただし書きが要素として入る場合もあります。操作手順の概要を示すリード文を一連の手順の前に置く必要があることは、説明するまでもないでしょう。説明手順がわかりやすいか否かの分かれ目となるのは、操作の指示とそれを行った結果が切り分けられているかいないかです。ユーザーに対する操作指示とそれを行った結果が一緒になっていると、ユーザーはどんな操作をどのような順番で行えばよいか明確に把握することができません。

操作指示とその結果が一緒になっている操作手順の例とその改善例

製品やサービスには必ず手順書がついていますが、操作指示とその結果が切り分けられていないものがたくさんあります。このような手順書を見ながら操作を行うのはとても大変です。

参考までに、操作指示とその結果が切り分けられていない操作手順の例とその改善例を示します。(下記の例文も含め、本書に示した例文はすべて実在の文書から抜粋したものです。ただし、固有名詞などは一部変えてあります。)

〈例文〉

ドライバーユーティリティをインストールしUSBカメラを接続する手順を以下に示します。

①コンピューターを起動し、CD-ROMをCD-ROMドライブにセットします。ドライバーインストール画面が表示されます。「インストール開始」ボタンをクリックします。

②インストール状況画面が表示されます。画面中央のメッセージが「インストール中」から「インストール完了」に変わるまで、1～2分待ちます。

③メッセージの下に、「インストール完了確認」ボタンが表示されます。

④このボタンをクリックすると、USB カメラ接続画面が表示されます。パッケージの手順図を見ながら、USBカメラをコンピューターに接続してください。

⑤コンピューターが自動的にUSBカメラを認識して、USBカメラ接続完了画面が表示されます。

これで、USBカメラが使えるようになります。

〈例文の改善例〉

ドライバーユーティリティをインストールしUSBカメラを接続する手順を以下に示します。

①コンピューターを起動し、CD-ROM をCD-ROMドライブにセットします。
⇒ドライバーインストール画面が表示されます。

②「インストール開始」ボタンをクリックします。

⇒インストール状況画面が表示されます。

③画面中央のメッセージが「インストール中」から「インストール完了」に変わるまで、1～2分待ちます。

⇒「インストール完了」というメッセージの下に「インストール完了確認」ボタンが表示されます。

④「インストール完了確認」ボタンをクリックします。

⇒USBカメラ接続画面が表示されます。

⑤パッケージの手順図を見ながら、USBカメラをコンピューターに接続してください。

⇒コンピューターが自動的にUSBカメラを認識して、USBカメラ接続完了画面が表示されます。

これで、USBカメラが使えるようになります。

改善前の例文の操作手順は、操作指示とそれを行った結果が混在しているため、説明が非常にわかりにくくなっています。これに対して、改善例のほうは、スムーズに操作を行うことができるようになっています。

紙面の都合上、例文と改善例では画面が省かれていますが、実際には「～が表示されます」の下に該当する画面が挿入されています。

Chapter 10

表記･表現の正しさを担保するためのレビュースキルを知ろう

Chapter６からChapter９までで、技術文章を書く際に役立つ知識・スキルをさまざまな視点・角度から紹介しました。そこでご紹介した知識・スキルは個人の経験に基づく熟練者の私論ではなく、エビデンス（科学的根拠）に基づいて確立されたものです。したがって、Chapter６～９までの内容をしっかりと習得すれば、簡潔・明快で説得力のある技術文章が書けるようになります。

このChapterでは、執筆したあとの技術文書・技術文章の品質を担保するために欠かせないレビュー（推こう）の基本スキルについて説明します。なお、ここで紹介するスキルは書籍や専門雑誌の原稿を編集・推こうするノウハウを技術文章の推こうに適するようにカスタマイズ（調整）したものです。

このChapterを読むことで、執筆が終了したあとに効率的かつ効果的に原稿をレビュー（推こう）し技術文章の品質を確実に向上させることができるようになります。

- **●表記・表現をレビューする際にチェックすべき事項**
- **●用字・表記統一リストと専門用語統一リストの作成と活用**
- **●データ上での検索・置換作業の注意点**
- **●他者による推こうの必要性**

Section 1 表記・表現をレビューする際にチェックすべき事項

原稿を書いたあと読み直しをすることを一般的にはレビュー（推こう）と言います。しかし、書いた原稿をただ読み直すだけでは、問題点をもれなく洗い出して手直しすることはできません。ここで言う「推こう」とは、チェックすべき項目を明確に決め、それに基づいて何回かに分けて効率的なチェックを行うことを意味します。ただし、ボリュームの小さい文書・文章については、チェック項目やチェック回数を減らすことが可能です。

このSectionでは、推こうで３回のチェックを行うことを前提として、下記のトピックについて説明します。

- **１回目にチェックすべき項目**
- **２回目にチェックすべき項目**
- **３回目にチェックすべき項目**

１回目にチェックすべき項目

チェックは、機械的にできる事項を最初にまとめて行うのが効率的です。これは、文章を手直しする際に細かい間違いに気をとられて重要な直しに集中できないと困るからです。

１回目のチェック項目は、次の図表に示すように、用字、表記、用語に関するものに限定します。このチェックは文書作成ソフトの編集機能で処理できるものが多いので、文書作成用ソフト（文字入力用ソフト）の検索・置換機能を利用して効率的に進めたほうがよいでしょう。

図表10.1　1回目にチェックすべき項目

用字に関するチェック項目
・誤字、脱字、余字がないか
・漢字にするものとひらがなにするものの使い分けが適切か
・送りがなとかなづかいに誤りはないか
表記に関するチェック項目
・外来語の表記は適切か
・単位と量の表記は適切か
・数字の表記は適切か
用語に関するチェック項目
・難解な専門用語が使われていないか
・用語は統一されているか
・差別的な語句が使われていないか
・不適切な略語が使われていないか

2回目にチェックすべき項目

2回目のチェックでは、次図に示すように、文章表現に関わる基本的な事項をチェックします。

図表10.2　2回目にチェックすべき項目

文章表現に関する基本的なチェック項目
・文の構造に問題がないか
・句読点の打ち方は適切か
・修飾語の順序は適切か
・助詞の使い方は適切か
・文の出だしと結びが適切に対応しているか
・能動態と受動態の使い分けは適切か

3回目にチェックすべき項目

3回目のチェックでは、次の図表に示すように、文章表現に関わる応用的な事項についてチェックします。

図表10.3　3回目にチェックすべき項目

文章表現に関する応用的なチェック項目
・文と段落の長さに問題はないか
・文と段落のテーマが１つに絞られているか
・文どうしの関係が明確か
・文章表現は簡潔かつ明快か
・小見出しや箇条書きが効果的に使われているか
・説明の順序は適切か
・説明方法や表現方法は統一されているか
・操作指示と結果が適切に切り分けられているか

これらは、Chapter 6 からChapter 9 までで説明した各種のルールやスキルの中から重要なものをピックアップして作成したチェック項目です。このほかにもチェック項目は考えられますが、欲ばりすぎると重要性の高い項目のチェックが疎かになる恐れがあるので、このくらいに留めておくほうがよいでしょう。

このSectionを読んで「こんな面倒くさいことはしたくない」と感じる人もいるでしょう。しかし、推こうは短時間で文章の質を高めるきわめて有効な方策なのです。「３回もチェックしなければいけないのか」と考えず、「３回に分けてチェックすることで、チェックの総時間が短くなり、質をより高めることができる」と考えてください。

Section 2 用字・表記統一リストと専門用語統一リストの作成と活用

原稿をレビュー（推こう）する際に便利なのが、「用字・表記統一リスト」と「専門用語統一リスト」です（この２つのリストは原稿執筆時にも役立ちます）。これらを参照しながら用字・表記と専門用語の統一を図れば、推こうの効率を高めることができます。

このSectionでは、用字・表記と専門用語の統一に関して知っておくべき下記のトピックについて説明します。

- **用字・表記統一リストの作成**
- **専門用語統一リストの作成**

用字・表記統一リストの作成

このリストは、Chapter 6に示した各種のルールに基づいて用字と表記を例示する形で作成します。原稿を書き始める前に、技術文章の中に出てくることが予想される用字や表記をある程度洗い出して列記しておき、原稿を書く途中で気づいたものを順次足していくのが、効率的な方法です。これを実践すると、原稿執筆時にかなりのレベルまで用字と表記が統一できるため、あとの推こうの手間が少なくて済みます。もちろん、このリストは、一度作成してしまえば、次に作成する文書の種類や内容に応じて一部を修正するだけで再利用できます。

ただし、用字・表記の統一はいくら時間を使っても完璧にできるわけではありません。用字や表記については、「９割がた統一されていればいい」くらいに考えておいたほうがよいでしょう。残りの１割をつぶすのには大変な労力が必要になるため、その分の労力をもっと重要な事項のチェックに振り向けたほうがよいからです。

次の図表に、本書を執筆するために作成した用字・表記統一リストを示しておきます。

図表10.4　本書を執筆するために作成した用字・表記統一リスト

<用字・表記>	
採用する用字	採用しない用字
あと	後（あと）
当てはまる	あてはまる
あらかじめ	予め
言う	いう（話す）
～という	～と言う
一から	いちから
いろいろ	色々
得る	える
後ろ	うしろ
置き換える	おきかえる
おく（力点などを）	置く
置く（物を）	おく
起こる	起る
行う	行なう、おこなう
恐れ	おそれ
および	及び
限る	かぎる
箇所	個所
カタカナ	片仮名、かたかな
必ず	かならず
かまわない	構わない
来たす	来す、きたす
来たる	来る、きたる
きわめて	極めて
さまざま	様々
～しえない	～し得ない
～しうる	～し得る
仕方	しかた
～しすぎる	～し過ぎる
しだいに	次第に
～する上で	～するうえで
～の上で	～のうえで
進ちょく	進捗
推こう	推敲
少し	すこし
すすめる	勧める、薦める
すでに	既に
済む	すむ
確かに	たしかに
度に	たびに
だれ	誰
使い方	使いかた
つく	付く
作る	つくる
つける	付ける

できる	出来る（助動詞）
出来る（動詞）	できる
どうし	同士
特に	とくに
伴う	ともなう
取扱い説明書	取扱説明書、取り扱い説明書
中	なか
何	なに
なんとか	何とか
～のほうに	～の方に
はじめて	初めて
ひらがな	平仮名、平がな
ほか	他
欲しい	ほしい
もつ	持つ
もっとも	最も
例を挙げる	例をあげる
わかる	分かる
分ける	わける
etc.	
＜カタカナ表記＞	
採用する表記	採用しない表記
エラー	エラ
ウイルス	ウィルス
ウインドウ	ウインドー、ウインドゥ
データ	データー
コミュニケーション	コミニュケーション
コンピューター	コンピュータ
シミュレーション	シュミレーション
セキュリティ	セキュリティー
ソフトウエア	ソフトウェア
ビジュアル化	ヴィジュアル化
フェーズ	フェイズ
ブレークダウン	ブレイクダウン
プログラマー	プログラマ
メインテナンス	メンテナンス
メンバー	メンバ
ユーザー	ユーザ
リアリティ	リアリティー
レビュー	レヴュー
etc.	
＜数字の表記＞	
採用する表記	採用しない表記
Chapter 3	Chapter3、Chapter Ⅲ
２番目	二番目
一つの	ひとつの、１つの
１つ、２つ、３つ	一つ、二つ、三つ
etc.	

ここにサンプルとして示したのは、本書の原稿を執筆するためのリストであり、そのまま他の技術文章の執筆に使えるわけではありません。このリストを参考にして、実際の執筆と推こうに適合する統一リストを作成してください。

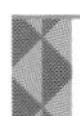

専門用語統一リストの作成

専門用語が多く使われる技術文書については、用字・表記統一リストのほかに、専門用語統一リストも作成する必要があります。それは、同じ意味を表す専門用語が一つの文書内で複数使われていると読者が混乱するからです。参考までに、情報処理系の専門用語統一リストの一部を次表に示しておきます。

図表10.5　情報処理系の専門用語統一リストの一部

採用する用語	採用しない用語
アルゴリズム	算法、計算技法
演算	オペレーション
演算子	オペレーター
オペレーター	操作者
記入項目	エントリー
境界値	閾値、限界値
操作	オペレーション
装置	ユニット
単位	ユニット
遅延	ディレイ、ディレー
並べ替え	ソート、分類、並び替え
入力	エントリー
etc.	

このリストを参考にして、作成する技術文書の種類や内容に適する専門用語統一リストを作成してください。

Section 3

データ上での検索・置換作業の注意点

Section1で述べたように、本書で推奨する方法では、レビュー（推こう）作業は原則として3回に分けて行います。2回目と3回目のチェックでは、文章を読み込むことが必要になるので、紙の原稿上でチェックを行うのがよいと考えられます。しかし、1回目のチェックは、用字、表記、用語の統一が中心ですから、PCなどの画面上で検索機能を使って行うほうが効率的です。

このSectionでは、画面上での検索および置換作業に関して知っておくべき下記のトピックについて説明します。

▶ **機械的にできるチェック作業には検索・置換機能を使う**

▶ **検索・置換機能を利用する場合の注意点**

機械的にできるチェック作業には検索・置換機能を使う

第1回目のチェックは、統一されていない用字、表記、用語を見つけて統一するという単純作業が中心になります。このように機械的にできるチェック作業は、紙上で行うよりも画面上（データ上）で行うほうが効率的です。それは、用字・表記統一用リストと専門用語統一用リストを見ながら文書作成用ソフト（Microsoft Wordなど）の検索・置換機能を使うことで、作業効率を高め精度も高めることができるからです。

検索・置換機能を利用する場合の注意点

文書作成用ソフトの検索機能と置換機能を使うと、統一されていない用字、表記、専門用語を効率的に統一することができます。人間の目でチェックした場合は必ず見落としが生じますが、機械の場合は見落とすことがないからです。ただし、機械の機能を使う人間がその機能の使い方をよく理解していないと、予想外のミスが生じてしまいます。検索機能および置換機能を使う場合には、次の３点に注意しましょう。

- ・「あいまい検索」オプションをオンにするかどうか決める
- ・一括置換は原則として行わない
- ・検索・置換は１つずつ確認しながら行う

以下で、各注意点について具体例を示しながら説明します。

「あいまい検索」オプションをオンにするかどうか決める

検索機能を提供するアプリケーションによって多少異なりますが、検索機能には「あいまい検索」というオプションがあるのが普通です。たとえばMicrosoft Wordでこのオプションを「オン」に設定して「ユーザー」という語を検索すると、「ユーザー」だけでなく「ユーザ」、「ユゥザー」、「ユゥザ」も検出されます。この機能は確かに便利ですが、すべての語に関して考えられるすべての揺らぎを見つけてくれるわけではありません。たとえば、「シミュレーション」と書くべきところを「シュミレーション」と書いてしまうミスがよくありますが、「あいまい検索」で「シミュレーション」を検索しても「シュミレーション」は検出されません。要するに、プログラムを組む側が設定した語しか検出されないということです。

「あいまい検索」には、このほかにも問題があります。「あいまい検索」で「ユーザー」から「利用者」への一括置換を実行すると、文章中にある「ユーザビリティ」が「利用者ビリティ」になってしまいます。このように、「あいまい検索」と「一括置換」を併用すると大きなミスが生じる恐れがあるので、両者の併用は避けてください。また、検索したい文字列に揺らぎがない場合は、「あいまい検索」を「オフ」にして検索を行うほうが効率的です。

一括置換は原則として行わない

前述のように、「あいまい検索」と「一括置換」の併用は避けるべきですが、「あいまい検索」オプションを「オフ」にした場合でも、「一括置換」を実行すると、問題が生じる恐れがあります。たとえば、「法遵守」から「コンプライアンス」への一括置換を実行したら「法遵守検討委員会」が「コンプライアンス検討委員会」になってしまった（この場合は、「法順守検討委員会」は固有名称なので、「コンプライアンス検討委員会」に変換されてはいけない）、という例があります。このほか、読点の「,」を「、」に一括置換したらプログラムやコマンドの記述中の「,」が「、」に変わってしまった、という例もあります。このような問題が絶対に起こらないという保証がない限り、一括置換は利用しないほうがよいでしょう。

検索・置換は1箇所ずつ確認しながら行う

ここまで述べたように、検索機能と置換機能は大変便利ではありますが、使い方を間違えると大きな問題が生じてしまいます。したがって、検索・置換においては、検索された語とその文脈を1箇所ずつ見ながら置換を行うかどうか判断していくことが不可欠です。

検索・置換が終わった時点で、置換もれがないことを確かめるために、再度キーワード検索を実施しましょう。「ミスは手間を省いた隙間に忍び込む」（筆者たちが自身を戒めるために作った格言）のです。

Section 4 他者による推こうの必要性

自分が書いた原稿を自分でチェックしても、問題点をもれなく洗い出すのは困難です。それは、自分が書いた原稿を見直すときはつい肯定的な姿勢で臨んでしまうからです。こういうときに助けとなるのが、他者に推こうしてもらうことです。

このSectionでは、他者に原稿を推こうしてもらうことに関して知っておくべき下記のトピックについて説明します。

- **他者に推こうしてもらうことの効果**
- **他者にチェックしてもらうべき事項**

他者に推こうしてもらうことの効果

「他人の粗(あら)はよく見える」という言葉がありますが、これには「自分より他人のほうが粗が多いように見えるかもしれないが、自分にも同じように粗があることを自覚して謙虚にすべきだ」という戒めの意味が込められています。原稿の推こうでは、この言葉を素直に受けとって、他人に存分に粗探しをしてもらうのが効果的です。

筆者たちは論文や書籍・雑誌などの原稿を数多く書いていますが、これまでに書いた原稿は編集者に渡す前に家族や仕事仲間などに読んでもらっています。それは、自分の書いた原稿に自信がないからではなく、他人の目で、また読者の目で見るからこそ気づくミスや問題点があると考えているからです。そして、実際に、指摘された事柄を修正することによって、文章は確実に読みやすくわかりやすくなります。中には見当はずれな指摘もあるでしょうが、だからと言ってそれ以外の指摘まで意味のないものだと考えてはいけません。とにかく最終品質さえ上がればいいのですから、余計なプライドは捨てましょう。

他者にチェックしてもらうべき事項

他者に推こうを頼む場合は、Section 1に示したような細かいチェックを頼むのではなく、あくまでも読者の立場から、次に示すような事項をチェックしてもらうのがよいでしょう。

- 読めない漢字はあるか
- 意味がよくわからない専門用語はあるか
- 意味がよくわからない文章や説明はあるか
- つじつまの合わない文章はあるか
- くどい文章や説明はあるか
- 足りない情報はあるか
- 余計な情報はあるか

気になる箇所や問題のある箇所に印をつけてその理由を記した付せんを貼ってもらえば、見直しや修正の効率がよくなります。その場合に大切なことは、指摘された事柄を謙虚に受けとめて、的はずれな指摘以外はなんらかの形で反映させることです。

このChapterのまとめとして述べておきたいのは、「他者に読者の目線で粗探しをしてもらって原稿をブラッシュアップすることで、読者に提供できる価値が確実に向上する」ということです。

Chapter 11

技術文書・文章における著作権について知ろう

　技術文書・文章の多くは、企業や組織の枠を越えて利用されるという点で、社会性・公知性を有しています。また、近年では、企業の不法行為が次々に明るみに出て信用が失墜するケースが増え、企業にコンプライアンス（法の遵守）を求める声が高まっています。これらのことから、技術文書・文章を作成・執筆する際には、社会秩序を適正に維持することを目的とする各種の法令を遵守しなければならないことがわかります。

　このChapterでは、技術文書作成・文章執筆と深い関係がある知的財産権関係の法律、特に著作権法について解説します。なお、著作権法百十九条1項に「著作権、出版権又は著作隣接権を侵害した者＜中略＞は、十年以下の懲役若しくは千万円以下の罰金に処し、又はこれを併科する」と記されているとおり、著作権法に違反すると重い刑罰が科せられることに留意してください。

　このChapterを読むことで、自身の書いた文書・文章が組織外に出たときに著作権の問題が生じないように何をしておくべきかを知ることができます。

- **知的財産権における著作権の位置づけ**
- **技術文書・文章の執筆と著作権との関わり**
- **『著作権法』の概要**
- **他者の著作物からの転載はどの程度可能か？**
- **著作権表示は必要か？**

Section 1　知的財産権における著作権の位置づけ

わが国では2000年ころから、法人や個人が創作した製造物やアイデアを保護する「知的財産権」の重要性が広く認識されるようになりました。この権利は、技術文書・文章とも深く関係しています。

このSectionでは、知的財産権とその中に含まれる著作権について知っておくべき下記のトピックについて説明します。

- **知的財産権の概要**
- **知的財産権の全体像とその中における著作権の位置づけ**

 知的財産権の概要

知的財産権とは、物品自体に対する権利ではなく、思索によって生み出されるさまざまな知的な成果物に対して発生する財産的権利の総称です。また、著作権とは、知的財産権を構成する権利の一つで、思想または感情を創作的に表現した著作物に付与される権利のことです。

2003年３月に施行された『知的財産基本法』の第二条に「知的財産」と「知的財産権」についての定義があるので、それを抜粋して次図に示します。

図表11.1　『知的財産基本法』における「知的財産」と「知的財産権」の定義

（定義）
第二条　この法律で「知的財産」とは、発明、考案、植物の新品種、意匠、著作物その他の人間の創造的活動により生み出されるもの（発見又は解明がされた自然の法則又は現象であって、産業上の利用可能性があるものを含む。）、商標、商号その他事業活動に用いられる商品又は役務を表示するもの及び営業秘密その他の事業活動
〈後略〉

※ 総務省「e－Gov法令検索」から転載

図に示した定義からわかるように、「知的財産権」とは、有形物に対する所有権ではなく、知的創造によって生み出された無形の成果物に与えられる財産権のことです。もう少し具体的に言うと、著作権（著作隣接権を含む）、特許権、実用新案権、意匠権、育成者権、商標権、回路配置利用権など、わが国の法律や国際条約により保護されている知的な権利の総称です。

知的財産権の全体像とその中における著作権の位置づけ

次の図表は、知的財産権を構成する権利と各権利を保証する法律や条約を整理してまとめたものです。その中には、著作権が主要な構成要素として含まれています。

図表11.2 知的財産権の全体像

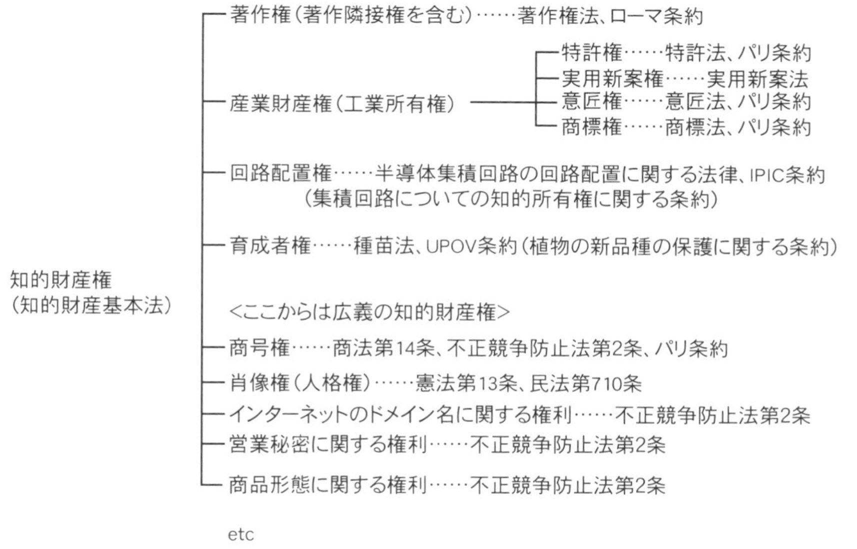

知的財産権（知的財産基本法）

- 著作権（著作隣接権を含む）……著作権法、ローマ条約
- 産業財産権（工業所有権）
  - 特許権……特許法、パリ条約
  - 実用新案権……実用新案法
  - 意匠権……意匠法、パリ条約
  - 商標権……商標法、パリ条約
- 回路配置権……半導体集積回路の回路配置に関する法律、IPIC条約（集積回路についての知的所有権に関する条約）
- 育成者権……種苗法、UPOV条約（植物の新品種の保護に関する条約）

<ここからは広義の知的財産権>

- 商号権……商法第14条、不正競争防止法第2条、パリ条約
- 肖像権（人格権）……憲法第13条、民法第710条
- インターネットのドメイン名に関する権利……不正競争防止法第2条
- 営業秘密に関する権利……不正競争防止法第2条
- 商品形態に関する権利……不正競争防止法第2条

etc

Section 2 技術文書･文章の執筆と著作権との関わり

わが国では、1970年代頃までは、企業や組織で日々作成される技術文書（学術論文を除く）に著作権があると考える人はそれほど多くありませんでした。しかし、技術文書は企業や組織の重要な情報を伝達するコミュニケーションツールだという認識が生まれ、知的財産権に対する意識がしだいに高まっていきました。その結果、「技術文書にも著作権がある」と考える企業が増えてきたのです。

このSectionでは、技術文書の作成と著作権との関わりについて下記のトピックを通じて説明します。

▶ **技術文書・文章にも著作権がある**

▶ **技術文書・文章の創作性と著作権**

技術文書・文章にも著作権がある

『著作権法』第二条の一に、著作物に関して「思想又は感情を創作的に表現したものであつて、文芸、学術、美術又は音楽の範囲に属するものをいう」という定義があります。そのため、少し前までは、「情報提供を主目的とする技術文書は著作物とはみなされない」と考える企業が多かったようです。しかし、欧米の外資系企業が日本国内向けに発行する操作マニュアルなどのユーザー用文書に著作権表示がなされているのを見て、わが国の企業や団体もしだいにこれを見習うようになりました。現在では、わが国でも、「技術文書・文章にも著作権がある」という見方が主流になっています。

技術文書・文章に著作権があるとみなされるようになった主な根拠は、次の3つです。

・『著作権法』第十条の一に例示されている「小説、脚本、論文、講演その他の言語の著作物」にあたること

・技術文書は、企業や個人が創作した技術やノウハウについて説明するものであり、「創作的に表現された」部分が含まれること
・文章や図表の表現において創意工夫がなされていること

技術文書・文章の創作性と著作権

前の項に示した根拠から、技術文書・文章に著作権があることは明らかです。ただ、技術文書・文章の作成や執筆の主目的が情報提供にあるため、文書自体の創作性が文学作品に比べてそれほど高くないことも確かです。たとえば、日々改善されていく各種の製品では、多くの部分で共通の技術が使われているため、独自性のある技術は一部にすぎません。そのようなケースでは、技術文書・文章の構成や説明内容も似かよったものにならざるをえません。

要するに、技術文書・文章は、文芸、美術、音楽などに比べると、著作権の範囲が限定されるということです。したがって、他社の技術文書の構成や説明方法をヒントとして利用する程度であれば、著作権の侵害にはなりません。

ただし、他社が作成した機器の操作手順書の文章を流用したり、掲載されている写真、図面、表などを加工せずにそのまま使ったりする行為は、明らかに著作権法に違反します。

ここまでの説明は「技術文書の目的は読者への情報提供にある」という従来の考え方に基づくものですが、本書では「適切・的確な情報を通じて読み手に価値を提供する」という新たな視点で技術文書の作り方・技術文章の書き方を論じています。つまり、読者への価値提供を目的として作成・執筆される技術文書・文章は、従来のものより「創作性が高くなり、著作権法で守られる範囲が広がる」ということです。

Section 3 『著作権法』の概要

著作権は、知的財産権を構成する各種の権利の中でもっとも重要な権利の一つであり、『著作権法』によって保護されています。

このSectionでは、『著作権法』に関して知っておくべき下記のトピックについて説明します。

- **『著作権法』の目的と用語の定義**
- **『著作権法』で保証される「著作者人格権」**
- **『著作権法』で保証される「財産的権利」**
- **著作権の発生時期と保護期間**

『著作権法』の目的と用語の定義

『著作権法』の目的と用語の定義を理解していただくために、次の図表に『著作権法』（2021年最終改正）の最初の部分を示します。

図表11.3　『著作権法』の目的と用語の定義

第一章　総則
第一節　通則
（目的）
第一条　この法律は、著作物並びに実演、レコード、放送及び有線放送に関し著作者の権利及びこれに隣接する権利を定め、これらの文化的所産の公正な利用に留意しつつ、著作者等の権利の保護を図り、もつて文化の発展に寄与することを目的とする。
（定義）
第二条　この法律において、次の各号に掲げる用語の意義は、当該各号に定めるところによる。
一　著作物　思想又は感情を創作的に表現したものであつて、文芸、学術、美術又は音楽の範囲に属するものをいう。
二　著作者　著作物を創作する者をいう。

三　実演　著作物を、演劇的に演じ、舞い、演奏し、歌い、口演し、朗詠し、又はその他の方法により演ずること（これらに類する行為で、著作物を演じないが芸能的な性質を有するものを含む。）をいう。
四　実演家　俳優、舞踊家、演奏家、歌手その他実演を行う者及び実演を指揮し、又は演出する者をいう。
五　レコード　蓄音機用音盤、録音テープその他の物に音を固定したもの（音を専ら影像とともに再生することを目的とするものを除く。）をいう。
六　レコード製作者　レコードに固定されている音を最初に固定した者をいう。
七　商業用レコード　市販の目的をもつて製作されるレコードの複製物をいう。
七の二　公衆送信　公衆によつて直接受信されることを目的として無線通信又は有線電気通信の送信（有線電気通信設備で、その一の部分の設置の場所が他の部分の設置の場所と同一の構内（その構内が二以上の者の占有に属している場合には、同一の者の占有に属する区域内）にあるものによる送信（プログラムの著作物の送信を除く。）を除く。）を行うことをいう。
八　放送　公衆送信のうち、公衆によつて同一の内容の送信が同時に受信されることを目的として行う無線通信の送信をいう。
九　放送事業者　放送を業として行う者をいう。
〈後略〉

※総務省「e－Gov法令検索」から転載

上の図表の内容からわかるように、著作権とは著作物を創作した著作者がその著作物を独占的に利用できる権利のことであり、『著作権法』とはこの権利を著作者に対して保証するための法律であることがわかります。

『著作権法』で保証される「著作者人格権」

『著作権法』では、著作権を「著作者人格権」と「財産的権利」という２つの要素に分け、それぞれについて保証される権利を定義しています。

「著作者人格権」とは、著作者から分離する（譲渡したり相続したりする）ことができない著作者固有の権利のことです。次の図表に、『著作権法』の中にある「著作者人格権」に関する記述を抜粋して示します。

図表11.4　『著作権法』第二章第三節第二款にある「著作者人格権」に関する記述

第二款　著作者人格権

（公表権）
第十八条　著作者は、その著作物でまだ公表されていないもの（その同意を得ないで公表された著作物を含む。以下この条において同じ。）を公衆に提供し、又は提示する権利を有する。当該著作物を原著作物とする二次的著作物についても、同様とする。
＜中略＞

（氏名表示権）
第十九条　著作者は、その著作物の原作品に、又はその著作物の公衆への提供若しくは提示に際し、その実名若しくは変名を著作者名として表示し、又は著作者名を表示しないこととする権利を有する。その著作物を原著作物とする二次的著作物の公衆への提供又は提示に際しての原著作物の著作者名の表示についても、同様とする。
2　著作物を利用する者は、その著作者の別段の意思表示がない限り、その著作物につきすでに著作者が表示しているところに従つて著作者名を表示することができる。
3　著作者名の表示は、著作物の利用の目的及び態様に照らし著作者が創作者であることを主張する利益を害するおそれがないと認められるときは、公正な慣行に反しない限り、省略することができる。
＜中略＞

（同一性保持権）
第二十条　著作者は、その著作物及びその題号の同一性を保持する権利を有し、その意に反してこれらの変更、切除その他の改変を受けないものとする。
〈後略〉

※総務省「e－Gov法令検索」から転載

ここに示されているとおり、「著作者人格権」は公表権、氏名表示権、および同一性保持権から成っています。また、「著作者人格権」は、もう一方の「財産的権利」とは違い、他人に譲渡することはできず相続の対象にもならないことが、『著作権法』第二章第五節の第五十九条に記されています。

『著作権法』で保証される「財産的権利」

著作権における「財産的権利」とは、著作物をさまざまな形で利用する権利のことであり、「著作者人格権」とは異なり譲渡や相続が可能であることから、「財産的権利」と称されます。『著作権法』で保証される「財産的権利」の概要を知っていただくために、『著作権法』の中にある「財産権」に関する記述を抜粋して次の図表に示します。

図表11.5　『著作権法』の第二章第三節第三款の「財産的権利」に関する記述

第三款　著作権に含まれる権利の種類

（複製権）
第二十一条　著作者は、その著作物を複製する権利を専有する。

（上演権及び演奏権）
第二十二条　著作者は、その著作物を、公衆に直接見せ又は聞かせることを目的として（以下「公に」という。）上演し、又は演奏する権利を専有する。

（上映権）
第二十二条の二　著作者は、その著作物を公に上映する権利を専有する。

（公衆送信権等）
第二十三条　著作者は、その著作物について、公衆送信（自動公衆送信の場合にあつては、送信可能化を含む。）を行う権利を専有する。
2　著作者は、公衆送信されるその著作物を受信装置を用いて公に伝達する権利を専有する。

（口述権）
第二十四条　著作者は、その言語の著作物を公に口述する権利を専有する。

（展示権）
第二十五条　著作者は、その美術の著作物又はまだ発行されていない写真の著作物をこれらの原作品により公に展示する権利を専有する。

（頒布権）
第二十六条　著作者は、その映画の著作物をその複製物により頒布する権利を

専有する。
2　著作者は、映画の著作物において複製されているその著作物を当該映画の著作物の複製物により頒布する権利を専有する。

（譲渡権）
第二十六条の二　著作者は、その著作物（映画の著作物を除く。以下この条において同じ。）をその原作品又は複製物（映画の著作物において複製されている著作物にあつては、当該映画の著作物の複製物を除く。以下この条において同じ。）の譲渡により公衆に提供する権利を専有する。
＜中略＞

（貸与権）
第二十六条の三　著作者は、その著作物（映画の著作物を除く。）をその複製物（映画の著作物において複製されている著作物にあつては、当該映画の著作物の複製物を除く。）の貸与により公衆に提供する権利を専有する。
（翻訳権、翻案権等）
第二十七条　著作者は、その著作物を翻訳し、編曲し、若しくは変形し、又は脚色し、映画化し、その他翻案する権利を専有する。

（二次的著作物の利用に関する原著作者の権利）
第二十八条　二次的著作物の原著作物の著作者は、当該二次的著作物の利用に関し、この款に規定する権利で当該二次的著作物の著作者が有するものと同一の種類の権利を専有する。

※総務省「e－Gov法令検索」から転載

上の図表からわかるように、著作権における財産的権利は、次に示す11の権利から構成されています。

・複製権
・上演権および演奏権
・上映権
・公衆送信権等
・口述権
・展示権
・頒布権
・譲渡権
・貸与権
・翻訳権、翻案権等
・二次的著作物の利用に関する原著作者の権利

この中で技術文書の作成に関係するのは、複製権、譲渡権、翻訳権、および二次的著作物の利用に関する原著作者の権利です。また、財産的権利については、『著作権法』第二章第六節の第六十一条に、譲渡も相続も可能であることが記されています。

「著作者人格権」と「財産的権利」との関係を理解していただくために、具体的な例を一つ示します。ある企業が新製品の取扱い説明書の執筆を社外の制作会社または個人のライターに依頼し、その著作物（取扱い説明書の原稿）の「財産的権利」を買いとった場合は、制作会社またはライターに「著作者人格権」が帰属し、企業に「財産的権利」が帰属することになります。その結果、制作会社またはライターは企業の財産的権利を侵害しない範囲で著作物の内容を公表することができ、自分が著作者であることを明示することができます。企業は、その著作物（取扱い説明書）を自由に複製し譲渡することができますが、制作会社またはライターの許可を得ずに内容を変更することはできません。これは、「著作者人格権」の中に「同一性保持権」があるからです。

著作権の発生時期と保護期間

『著作権法』第二章第四節の第五十一条に、「著作権の存続期間は、著作物の創作の時に始まる」と記されています。つまり、著作物の著作権は、著作物が創作された時点で発生するということです。また、その保護期間については、同条の第二項に「著作権は、この節に別段の定めがある場合を除き、著作者の死後（中略）七十年を経過するまでの間、存続する」とあります。

次の図表に、『著作権法』第四節の該当部分を示しておきます。

図表11.6　『著作権法』第四節の「保護期間」に関する記述

第四節　保護期間

（保護期間の原則）

第五十一条　著作権の存続期間は、著作物の創作の時に始まる。

2　著作権は、この節に別段の定めがある場合を除き、著作者の死後（共同著作物にあつては、最終に死亡した著作者の死後。次条第１項において同じ。）七十年を経過するまでの間、存続する。

<中略>

（団体名義の著作物の保護期間）

第五十三条　法人その他の団体が著作の名義を有する著作物の著作権は、その著作物の公表後七十年（その著作物がその創作後七十年以内に公表されなかつたときは、その創作後七十年）を経過するまでの間、存続する。

<中略>

（保護期間の計算方法）

第五十七条　第五十一条第２項、第五十二条第１項、第五十三条第１項又は第五十四条第１項の場合において、著作者の死後七十年又は著作物の公表後七十年若しくは創作後七十年の期間の終期を計算するときは、著作者が死亡した日又は著作物が公表され若しくは創作された日のそれぞれ属する年の翌年から起算する。

〈後略〉

※総務省「e－Gov法令検索」から転載

Section 4

他者の著作物からの転載はどの程度可能か？

『著作権法』にあるとおり、著作物の複製は著作権者の独占的な権利の一つですから、原則として、他者の著作物を無許可で複製することはできません。また、著作物の一部を引用（転載）することは認められていますが、厳しい条件がつけられています。

このSectionでは、他者の著作物の複製と引用（転載）について知っておくべき下記のトピックについて説明します。

- ▶ **複製が許容される範囲**
- ▶ **引用・転載が許容される範囲**

複製が許容される範囲

『著作権法』には、著作物の複製は著作者の独占的な権利である旨の規定と著作物の複製の制限に関する規定があります。これは、著作者の許可を受けずに著作物を複製することが許されないことを意味しますが、一部例外が認められています。

次の図表に、『著作権法』にある複製の例外に関する記述を紹介します。

図表11.7　『著作権法』第二章第三節にある複製の例外に関する記述の抜粋

（私的使用のための複製）
第三十条　著作権の目的となつている著作物（以下この款において単に「著作物」という。）は、個人的に又は家庭内その他これに準ずる限られた範囲内において使用すること（以下「私的使用」という。）を目的とするときは、次に掲げる場合を除き、その使用する者が複製することができる。
<中略>

（プログラムの著作物の複製物の所有者による複製等）
第四十七条の三　プログラムの著作物の複製物の所有者は、自ら当該著作物を

電子計算機において利用するために必要と認められる限度において、当該著作物を複製することができる。ただし、当該利用に係る複製物の使用につき、第百十三条第５項の規定が適用される場合は、この限りでない。

２　前項の複製物の所有者が当該複製物（同項の規定により作成された複製物を含む。）のいずれかについて滅失以外の事由により所有権を有しなくなつた後には、その者は、当該著作権者の別段の意思表示がない限り、その他の複製物を保存してはならない。

〈後略〉

※総務省「e－Gov法令検索」から転載

ここに示した条項から、著作物の複製物の所有者が自分専用で個人的に使用する以外の目的で複製することは原則として認められないことがわかります。ただし、「図書館等における複製」、「学校その他教育機関での複製等」、「試験問題としての複製」、「点字による複製等」については、公益性という観点から例外的に複製が認められています。著作物の正規の複製物（印刷物、電子文書、ソフトウエア製品など）を所有する企業が、著作物の複製についての規定を拡大解釈して、自社内で使用する目的で著作者に無断で複製を行っているケースが多いようですが、これは明らかに著作権法違反です。

引用・転載が許容される範囲

『著作権法』の第三十二条に、「公表された著作物は、引用して利用することができる」と記されていることから、「著作物の引用（転載）は自由である」と解釈する人がいるようですが、それは間違いです。次の図表に『著作権法』の著作物の引用に関する規定を抜粋して示すので、見てください。

図表11.8　『著作権法』の第二章第三節第三十二条の内容

（引用）

第三十二条　公表された著作物は、引用して利用することができる。この場合において、その引用は、公正な慣行に合致するものであり、かつ、報道、批評、研究その他の引用の目的上正当な範囲内で行なわれるものでなければならない。

２　国若しくは地方公共団体の機関、独立行政法人又は地方独立行政法人が一般に周知させることを目的として作成し、その著作の名義の下に公表する広報資料、調査統計資料、報告書その他これらに類する著作物は、説明の材料として新聞紙、雑誌その他の刊行物に転載することができる。ただし、これを禁止する旨の表示がある場合は、この限りでない。
〈後略〉

※総務省「e－Gov法令検索」から転載

第三十二条第一項に、「その引用は、公正な慣行に合致するものであり、かつ、報道、批評、研究その他の引用の目的上正当な範囲内で行なわれるものでなければならない」という記述があることから、著作物からの引用（転載）を自由に行ってよいわけではないことがわかると思います。この条項には引用の条件が具体的に示されていませんが、一般的に、他者の著作物を引用する場合は、下記の要件を満たす必要があります。

・引用（転載）する著作物がすでに公表されたものであること
・引用によって、著作者人格権が侵害されないこと
・引用によって、著作者の財産的権利や出版社の出版権が侵害されないこと
・著作者や版権者の許可を得た場合以外は、引用の範囲を数行以内に留めること（学術論文の場合はもっと長い引用が許容されるケースもある）
・社会的に通用する「引用のルール」に従って著作者名、著作物名、引用箇所などを明記すること

ただし、無断転載を禁ずる旨が明記されている著作物については、正当な引用（転載）の範囲内であっても、事前に許可を得るほうがよいと考えられます。

Section 5 著作権表示は必要か？

わが国においては、著作権に関する表示は基本的に必要ありません。これは、わが国の政府が「無方式主義」の立場をとっているため、著作物を創作した時点で著作権が発生するとみなされるからです。しかし、国によって著作権に対する考え方が異なりトラブルが生じる恐れがあるので、著作物には著作権表示をしておくほうがよいと考えられます。

このSectionでは、著作権表示に関して知っておくべき下記のトピックについて説明します。

- **著作権の発生と著作権表示に関する２つの考え方**
- **著作権表示が必要な理由と表記方法**

著作権の発生と著作権表示に関する２つの考え方

著作権の発生については、「著作物を創作した時点で著作権が発生するため、著作権表示は不要である」という立場に立つ「無方式主義」と、「著作物の著作権は著作権表示をした時点で発生する」という立場に立つ「方式主義」という２つの考え方があります。

わが国には、著作物には必ず著作権表示をしなければならないと考えている人が多いようですが、基本的には必要ありません。それは、わが国が著作権の成立になんら手続きを要しない「無方式主義」を基本とする『ベルヌ条約』に加盟しており、『著作権法』第五十一条に「著作権の存続期間は、著作物の創作の時に始まる」と明記されているからです。

ところが、著作権大国である米国は、1989年まで『ベルヌ条約』に加盟せず、「著作権表示をしなければ著作権は発生しない」とする「方式主義」をとっていました。そのため、米国と交流が深い国々では著作権表示をしないことに不安を感じていたのです。しかし、1989年に米国がベルヌ条約に加盟して「無方式主義」に移行したことで、先進諸国間では著作権表示に関わるトラブルは少なくなっています。

 著作権表示が必要な理由と表記方法

前の項を読むと、著作権表示は必要ないように思われるかもしれませんが、実際には表示することをおすすめします。この項では、その理由と表記方法を示します。

「著作権表示が必要である」とする根拠となっているのは、『万国著作権条約パリ改正条約』です。この条約では、著作権表示がない著作物には著作権が発生しないとみなされます。次の図表に、この国際条約の著作権表示に関係する部分を抜粋して示します。

図表11.9 『万国著作権条約パリ改正条約』第三条の著作権表示に関わる記述

第三条 〔保護の条件〕

1 締約国は、自国の法令に基づき著作権の保護の条件として納入、登録、表示、公証人による証明、手数料の支払又は自国における製造若しくは発行等の方式に従うことを要求する場合には、この条約に基づいて保護を受ける著作物であつて自国外で最初に発行されかつその著作者が自国民でないものにつき、著作者その他の著作権者の許諾を得て発行された当該著作物のすべての複製物がその最初の発行の時から著作権者の名及び最初の発行の年とともにⒸの記号を表示している限り、その要求が満たされたものと認める。Ⓒの記号、著作権者の名及び最初の発行の年は、著作権の保護が要求されていることが明らかになるような適当な方法でかつ適当な場所に掲げなければならない。

〈後略〉

※公益社団法人著作権情報センターの『万国著作権条約パリ改正条約』から転載

要するに、「著作権者の名前、最初の発行年、およびⒸ（Copyrightの略号）がしかるべきところに明記されていることが著作権保護の条件となる」ということです。逆に言えば、著作権表示がないものについては著作権がないとみなされるわけです。

ここで問題になるのは、『万国著作権条約パリ改正条約』（方式主義）に加盟し『ベルヌ条約』（無方式主義）には加盟していない国にわが国の著作物（著

作権表示がなされていないもの）がもち込まれた場合に、著作物の内容を勝手に流用される恐れがある点です。この種のトラブルを回避するには、『万国著作権条約パリ改正条約』に則った著作権表示をしておくことが必要になります。

次の図表に、『万国著作権条約パリ改正条約』の要件を満たす著作権表示の方法を示しておきます。

図表11.10　国際的に通用する著作権表示の方法

表記例1	© 2016 IDL Inc.
表記例2	© 2016 IDL Inc.（株式会社アイ・ディー・エル）
表記例3	© 2023　ASAOKA Rui, ASAOKA Tomoo
表記例4	© 2023　ASAOKA Rui（浅岡 類）, ASAOKA Tomoo（浅岡 伴夫）

上記の表記法では©の記号のあとに「発行年」が来ていますが、「著作者名」と「発行年」を入れ替えることも可能です。

また、上記の英文の名前がASAOKA Ruiになっているのは、「姓＋名」の順序を変えずに名前を表記したい場合に姓の部分をすべて大文字で表すという氏名表記法を採用しているからです。この氏名表記法は以前から一部で使われていましたが、2019年に政府関係府省庁の申し合わせの形で公表された『公用文等における日本人の姓名のローマ字表記について』の中で「英語での日本人の姓名表記は「姓⇒名」の順にし“YAMADA Haruo”のように表記する」旨の指針が示されてから、標準的な表記になりつつあります。

【著者プロフィール】

浅岡 類（ASAOKA Rui）

1987年 埼玉県生まれ。東北大学工学部卒業。東北大学工学研究科応用物理学専攻博士課程修了（博士：工学）。東北大学工学研究科の助教、明治大学理工学研究科の研究推進員・兼任講師を経て、現在はNTTコンピュータ＆データサイエンス研究所にて量子コンピュータの理論研究に従事し、学会誌への論文投稿・学会での研究発表を行っている。
研究活動や大学での担当講座を通じ、論文執筆指導、学習レポート作成指導を行う。そのほか、科学コミュニケーターとして、大学、高校、中学での出張講義・講演を随時行っている。

浅岡 伴夫（ASAOKA Tomoo）

1952年 富山県生まれ。慶應義塾大学経済学部卒業。DX・AI教育アドバイザー。情報コミュニケーションアドバイザー。聖徳大学特命教授。日本能率協会マネジメントセンター通信教育コース『ゼロからわかるAIの基本』および『ゼロからわかるDXの基本』の責任講師。
『デジタル×生命知がもたらす未来経営 心豊かな価値創造を実現するDX原論』（日本能率協会マネジメントセンター）、『AIリテラシーの教科書』（東京電機大学出版局）、『決定版! ビジネスドキュメントの説得技法』（日本経済新聞出版）、『技術文書の作り方・書き方』（シー・エー・ピー出版）ほか、著書・翻訳書多数。

読み手が受けとる「価値」を最大化する

技術文書&文章の教科書

2023年3月5日　　初版第1刷発行

著　者——浅岡類、浅岡伴夫

発行者——張 士洛

発行所——日本能率協会マネジメントセンター

〒103-6009　東京都中央区日本橋2-7-1 東京日本橋タワー

TEL 03(6362)4339（編集）／03(6362)4558（販売）

FAX 03(3272)8128（編集）／03(3272)8127（販売）

https://www.jmam.co.jp/

装　　丁——冨澤 崇（EBranch）

本文組版——株式会社明昌堂

印 刷 所——シナノ書籍印刷株式会社

製 本 所——株式会社新寿堂

ISBN 978-4-8005-9085-5　C3034

落丁・乱丁はおとりかえします。

PRINTED IN JAPAN